符号简史

SYMBOLS
A UNIVERSAL LANGUAGE

【英】约瑟夫·皮尔西 著　陈磊 译

北京联合出版公司
Beijing United Publishing Co.,Ltd.

献给波莉和乔安娜

作者其他作品

《英语的故事》

⚡⚡ ☘ ☠ ☮ # ♥ ☯ & ★

目　录

引　言

在思考时，我们会运用到各种各样的符号系统——语言的、数学的、绘画的、音乐的、习惯的。没了这些符号系统，我们应该就没有艺术、没有科学、没有律法、没有哲学，甚至于没有文明的基础。换言之，我们就只是动物。

——阿道斯·赫胥黎（Aldous Huxley）

科幻小说家阿道斯·赫胥黎在为吉杜·克里希那穆提（Jiddu Krishnamurti）的哲学著作《最初和最终的自由》（*The First and Last Freedom*）（1954）撰写的序言中，用"经过精心挑选和细致分析，适用性强"，与宗教、政治团体中用于排除外人的符号，进行了明确的区分。他认为，后一类符号通常会得到它们并不应得的尊敬，甚至表示，"正如我们这个时代的历史所充分说明的那样"，符号甚至可能是致命的。

记住这一点很重要，赫胥黎这篇文章写于第二次世界大战的余波之中，在那个时代，各种政治和宗教团体都团结起自身力量，打着绘制不同的旗帜和徽标，互相倾轧。

但是他的观点在今天仍具有重要意义，随着人类进入后工业时代，飞速发展的科技成为了时代的主导。新的符号，如蓝牙符号，以及旧有符号的新生含义，如 Twitter 上的话题标签"#"，层出不穷，在不断改变着我们所生活的世界，以及我们交流的方式。

不过，最初究竟是什么原因驱使各社会和文明构建符号系统，来代表那些有用却潜藏危险的信息的呢？在今天，符号系统的增殖数量，几乎和历史上不相上下，但直到二十世纪，哲学家们才开始在深奥又往往令人费解的研究领域里，对符号的含义进行足够的思考。瑞士哲学家弗迪南·德·索绪尔（Ferdinand de Saussure）曾主张，从根源上来说，为某些特定符号赋予某种意义的行为，其实是相当随意的，实体符号与其将要代表的事物之间并无直接联系。正是这种不相关性使得万字纹从古代吉祥的象征，变为一个纳粹党专制的符号[1]。现在任何人看到纳粹十字图案，都会感受到与其本义全无相关性的黑暗而可恨的信息，但就该符号本身而言，只是一个几何图案而已。

对于人类生存"记号"背后含义的探究，过程复杂又

---

1 卍和卐原本并无区别，均是佛教中吉祥的象征，但因后者被纳粹所用，现在一般会避免使用后者。

艰难，为了避免过度陷入这些理论（以及反对理论）的复杂性之中，我在本书最后列出了参考文献和推荐书目，以供进一步阅读。罗兰·巴特[1]（Roland Barthes）和翁贝托·埃科[2]（Umberto Eco）都为索绪尔的思考增添了格外有趣的新内容。

本书最重要的目的在于，试图研究一些日常生活中出现在我们身边的常见（以及不那么常见的）符号和标志，并追溯它们的历史背景，以及它们被人类用作交流和理解工具的过程。内容结构以主题划分，将早期文明元素，例如旧石器时代的洞穴壁画和古埃及的象形文字，作为切入点。后续章节则探究更为抽象的符号和标志，包括众所周知的政治意识形态的徽章、与价值交换概念相关的符号、具有特性的文化图腾，以及在技术与通信领域用得越来越多的符号。

书中符号的选择是随意的，类型也多种多样——这一点相当明确。其他符号和象征体系中，一定也有大量值得分析和研究的对象，但我所选择的例子都曾对人类社会和

1　1915—1980，法国符号学家。代表作有《符号学基础》等。
2　1932—2016，又译安伯托·艾柯，意大利符号学家、作家。代表作有《启示录派与综合派》《不存在的结构》《玫瑰之名》等。

文化产生过持久影响，或者在未来很可能具有重要意义。随着技术进步继续简化生活的节奏，不同文化和语言联系得更为密切，符号和标志的运用只可能更加广泛。但同时我们也应该记住，阿道斯·赫胥黎在二十世纪中叶发出的提醒，对于非语言交流依赖程度越来越深，这种趋势将把我们带往何方，这实在是一个令人兴奋的值得观察与思考的课题。

约瑟夫·皮尔西

第一部分

历史中的符号
——从旧石器时代到当代美国

大致来说，符号就是代表某种事物的记号，这种事物必须是现实存在的，能够为该符号所代表的。

——阿尔弗雷德·柯日布斯基[1]（Alfred Korzybski）

1　1879—1950，美籍波兰裔哲学家和科学家。

从目前已知的最早期文明开始，人类就已经创造出符号和标志。尽管我们已经有明确的证据表明，原始人曾试着通过洞穴壁画和石刻艺术来呈现他们的世界，但却无法确定这些创作背后的动机。然而，作为一切审视符号和象征系统的起点，它们仍具有重要意义。类似地，埃及象形文字虽然从本质上来说是一种字母，但它们却是依赖象形符号的运用，来传递语义学意义，交流思想，这一切都将它们牢牢地归入了符号的范畴。中世纪的纹章也是一种表意系统，有趣的是，其主要目的是通过将人类的特征转换到动物身上，从而构建出一种象征性身份。

旧石器时代的洞穴壁画

人类有能力思考或试着记录生活和思想的本质，并通过视觉和象征性图案实现交流，能证明这一事实的最古老的现存证据，可以在旧石器时代的洞穴壁画中找到。

1994 年 12 月，由让-马里·肖维（Jean-Marie Chauvet）率领的三名法国洞穴学家（洞穴探索者），在研究法国南部的阿尔代什峡谷地质面貌的期间，偶然发现了一系列先前被落石遮掩住的相互连通的洞穴。洞内地面上存有动物骨头、脚印、化石残骸和人类生活的清晰证据。继续深入这片复杂的洞窟群，肖维及其同伴在两座由一条短通道相连的巨大洞穴的内壁上发现了上百幅保存完好的画作和石刻。第一个洞穴内的壁画大多是用红色颜料所绘，而第二个洞穴内的图案大部分主要是用黑色木炭和赭石所绘。

肖维岩洞的壁画主要描绘的是动物，形式多样，包含

史前洞穴壁画不仅是为了装饰，也是狩猎采集者之间交流险情和食物资源的方式。

了十三个物种，其中有长毛犀牛、穴居熊、狮子、猛犸象、狼、马和一只被认为是豹的大型黑色猫科动物。肖维的发现是数十年来探索阿尔代什地区洞穴成果的巅峰。他意识到这一发现的重要意义，便向法国史前艺术的权威——考古学家让·克洛特（Jean Clottes）寻求协助。

克洛特通过现代放射性碳年代测定法，推测出肖维及其团队发现的壁画至少有三万到三万两千年的历史，是当时人类发现的最古老的史前艺术作品。不过，最令克洛特感兴趣的是，这些图像的复杂程度、构图和描绘的不同动物。在肖维及其团队发现这处岩洞壁画之前，人们一直认为史前壁画只是装饰性地粗糙描绘了原始狩猎采集者的经历；其中所描绘的动物都是史前族群能征服的，无论是作为食物，还是作为驮兽。但是阿尔代什壁画却描绘了各种各样的动物，其中许多动物，如狮子、犀牛和穴居熊，都不可能被捕食，反而会让早期人类感到恐惧和敬畏。

该岩洞内还拥有超过四十副穴居熊（该物种于一万两千年前灭绝）的骨架，以及大量的爪印、擦痕和凹陷。克洛特认为，这些痕迹说明，曾经有熊将这些洞穴用作冬眠之所。在其中一个主要洞穴里，出现了一个尤为有趣的细节，能看到一个灶台和一个土堆的痕迹，上面摆放着一个熊的头盖骨，似乎是出于某种象征意义而摆放的，就像是为了创造出一个祭坛。克洛特由此得出推断，这两组红色和黑色壁画分别为两个不同年代在此洞穴中居住的人类所创作，其中的大部分作品创作年代大约是在公元前 40 000 年至公元前 30 000 年的奥瑞纳西文化时期。而后来的记号，诸如火把烧出的焦痕、木炭绘制的附加装饰细节以及保存完好的一个孩童的脚印，则似乎出现于稍晚的格拉维特时期（公元前 30 000 年至公元前 22 000 年）。因此情况有可能是，原本的居住者（和画师）放弃了这座洞穴，在大约五千年后，该洞穴被另一个部落再次发现。或许是出于敬畏，后来的这群居住者，将这里视为神圣的宗教场所。

除了各种动物图案，壁画中也有大量的红点和手印。后者的绘制方法是，将一只手按在洞壁上，然后沿着边缘吹上颜料——类似于漏字板的原理——或者是将手掌涂上染料，再按下手印，非常接近于今天孩子们在幼儿园所画的画作。壁画中没有出现完整的人形，不过克洛特却认为那些看不出实体的大腿和野牛头具有特殊的意义。有没有可能该洞穴是举办准宗教仪式和宗教仪式的场所，而这些像牛头人的形象就是史前巫师呢？1995 年，克洛特在《洛杉矶时报》的一次采访中，根据肖维岩洞壁画创作的社会背景，概述了自己的理论：

> 画师们进入这座洞穴，发现了熊的骨架……他们也许是被这些骨架吓到了，由此认为洞穴中充满了熊的灵魂，是一个拥有强大力量的洞穴。他们可能会认为，通过描绘熊和其他危险动物，就能捕获这些动物的灵魂，为他们的生命增添力量。

在探索过这些洞穴之后，克洛特与大卫·路易斯 - 威廉姆斯（David Lewis-Williams）建立了合作，路易斯 - 威廉姆斯是南非研究古代岩石壁画的著名人类学家，同时也是一种不合潮流的观点的知名拥护者，该观点认为岩洞壁画拥有象征价值，并非只是简单随意地反映日常生活经历。两位学者研究了肖维岩洞和其他史前岩石艺术遗址中不同图像的排列和风格，发现这些图像与神经心理学现象有关，例如萨满教的出神状态，并于 1998 年将他们的理论出版在《史前萨满：岩画上的催眠和巫术》（*The Shamans of Prehistory: Trance and Magic in the Painted Caves*）一书中。该书将全世界许多原始文明中常见的巫术行为加以对比，并提出理论命题，即这些洞穴是举办神圣仪式的场所，其中的壁画代表的是之于仪式崇拜至关重要的强力象征。起初，学术界对这一理论褒贬不一——反对者认为，其中采用的理论模型不具有常规性，用对比和推测代替了原始依据——而持较少怀疑态度的读者在承认克洛特和刘易斯－威廉姆斯的研究存在缺陷的同时，发现他们的核心论点令人信服，开辟了知识探索和讨论的新领域。

毫无疑问，肖维岩洞壁画的发现以及克洛特和刘易斯－威廉姆斯的研究是一个分水岭，使我们对于史前艺术，对于早期人类为赋予符号意义所做的努力，都有了新的认识。

海下的秘密花园

在肖维岩洞壁画发现之前，欧洲最古老艺术作品的头衔曾暂归法国地中海海滨城市马赛附近的茂尔吉乌湾的考斯科洞穴所有。

1985 年 9 月，一位名叫亨利·考斯科（Henri Cosquer）的专业潜水教练，在探索一处水下洞穴群期间，发现了一条又长又窄的通道。考斯科对这条通道进行了后续探索，沿着黑暗的洞穴通道一点点深入，最终进入了一座敞开的大洞窟。令考斯科惊讶的是，这座洞窟位于海平面以上，其中满是奇绝的钟乳石和文石晶体。考斯科决定对自己的发现缄口不言，他从未仔细解释这么做的原因，后来在一部电视纪录片中说，觉得那里是他的"私人秘密花园"。

然而，未过多久，考斯科的洞穴就不再独属于他。茂尔吉乌湾很受洞穴潜水者的欢迎，1991 年，一个由四名业余成员组成的潜水队在该洞穴群中探索时迷路。考斯科应召赶来帮助救援任务，但最终只有一名潜水者生还。他意识到自己的秘密花园环境险恶，将来可能会酿成灾祸，于是便同五名经验丰富的潜水员组队再次来到了洞穴。也正是在这第二次"非官方"探索期间，他注意到主洞窟岩壁和顶上保存下来的大量手印和动物图案。考斯科同队员拍摄下洞窟内部的情景，并拍摄了录像片段作为证据，不过这次神奇的发现最初遭到了科学家的怀疑，许多人疑心这只是一次精心准备的恶作剧。专家们对其中一些海洋生物的图案尤其感到费解；在旧石器时代的绘画作品中，除偶有出现的鱼形图案外，海洋动物的形象并不常见——更不用说章鱼、企鹅和海豹了，这些动物的壁画只存在于考斯科发现的洞穴中。

法国文化部在1992年批准，由洞穴探险专家让·考丁、著名史前历史学家让·克洛特、考斯科共同领导一个技能娴熟的潜水队，对该洞穴展开进一步探索。该团队通过对洞窟中提取到的样本进行碳同位素年代测定，得以证明那些壁画均为真迹，其中有些手印至少可追溯到两万七千年前。

这些年来，法国拉斯科斯洞窟受到了严重的破坏，新鲜空气和成千上万游客的呼吸对洞穴壁画造成了不可弥补的损害，于是法国政府谨慎控制考斯科洞窟的曝光程度，只允许少数专家出于研究目的进入洞穴。然而，洞窟壁画保护的最大威胁，并不在于过度曝光，而在于持续上升的海平面。正如这些洞穴最初沉入水底是在第一次冰河时代末期冰川融化时，加速化的全球变暖最终会将这些画作洗刷一空。或许这也正是亨利·考斯科感到必须对自己的发现保密的原因。

拿破仑与古埃及石碑

　　拿破仑·波拿巴是欧洲历史上的伟人，他被尊为杰出的军事战略家、魅力超凡的将领、法律和社会改革家。然而他对象形文字——古埃及所使用的符号系统——的研究也产生过影响，虽然只是间接作用，这一事实却鲜为人知。

　　1798 年，拿破仑接到指令展开埃及远征。这次任务的首要目的是在中东建立一个重要的军事据点，以期动摇英国在该地区日益强大的影响力。除了武装入侵，拿破仑还集结了土木工程、地图制图、历史、艺术和植物学等各个领域的专家小组，对埃及的景观、历史和文化进行详细的勘察。他对古埃及的兴趣如何发展而来，这一点并不明确——一些学者提出，众所周知，拿破仑对于自身权力和影响力有着夸大的自负感，他可能是受到埃及古远年代的统治者，以及他们庙宇和陵寝的宏伟阵势的吸引——无论他着迷的缘由为何，他集结的专家团队所取得的重大发现，被证明在埃及学领域是不可估量的。勘测员为帝王谷陵墓群绘制了最早的翔实地图，发现了几处新陵寝，并对5 000多件古代珍宝和文物进行了修复和编目。

其中意义最重大的，当属一位名叫皮耶·布夏贺（Pierre Bouchard）的青年工程兵无意间的发现。布夏贺当时被任命负责重建一座古老的土耳其要塞，地址位于邻近亚历山大港的拉希德（罗塞塔）。拿破仑希望在尼罗河三角洲的河口——尼罗河汇入地中海的入海口——建设一座战略性军事基地——他认为拉希德是完美选地。1799 年 7 月 15 日，

罗塞塔石碑上的同一份铭文采用了三种不同的文字书写，对于揭开埃及象形文字之谜至关重要。

布夏贺于挖掘要塞地基之时，发现一块篆刻有铭文的花岗岩大石板。布夏贺受过良好教育，他发现石碑上的铭文有三种不同的书写形式，本能地推测，这一发现可能意义重大，于是便上报了拿破仑及其副官雅克-弗朗索瓦·默努（Jacques-François Menou）。

拿破仑在此前成立了一个科研机构，以帮助整理学者和测量员的工作成果，于是布夏贺亲自将这一现称为罗塞塔石碑的物品运送至开罗。铭文被制作成副本送回法国做进一步研究，拿破仑在返国之前亲自查看了石碑，将默努留下率军远征。

随后，法国在埃及的军事基地遭到英军和奥斯曼土耳其人日益严重的军事入侵，在输掉几场关键战役后，默努和他的军队被迫撤出开罗。他们携带着罗塞塔石碑和其他文物，退至亚历山大港。但由于在阿布基尔湾战役中，他们的战舰被纳尔逊[1]勋爵率领的英军尽数摧毁，默努及残余的远征军最终只得投降。随后，双方就罗塞塔石碑和其他物品的归属权问题展开持久的争论，英军统帅希利-哈钦森将军要求，一切物品均为战利品，但默努却主张，那些应归法国学者所有（有记录表明，默努甚至主张罗塞塔石碑

1　霍雷肖·纳尔逊，英国帆船时代最著名的海军将领，军事家。

是自己所有，因为他也参与了石碑的发现工作）。然而考虑到剩余军队实际上仍受困于埃及，默努在谈判中处于劣势，这些古代珍宝于是被转交至英国人手中，作为交换，法国学者有权保留他们原本的研究论文。上校汤姆金斯·希尔格罗夫·特纳（Tomkyns Hilgrove Turner）接受委派，负责将罗塞塔石碑运送回英国，抵达之后，乔治三世下令将石碑收入大英博物馆展览。

石碑虽然被英国缴获，但法国学者在之前拥有石碑的时候，已为碑文制作多份复件。石碑在出土和被缴期间，拿破仑组建的勘测队在埃及的工作，激起了全欧洲公众的巨大兴趣，最显著的标志就是，人们竞相角逐，争当碑文的首位破译者；英国的古埃及学者也为碑文制作了副本和石膏摹本，送往牛津大学、剑桥大学和爱丁堡大学。

人们普遍认同布夏贺的推测，石碑上的铭文是用三种不同文字书写的是同一公告，全欧洲的学者可以利用碑底的古希腊文来破译另外两种文字：碑顶的古埃及象形文字和碑身的世俗体，后者是埃及文字的另一种书写形式。然而，这项工作历经二十余年，通过大量学者一点一滴的重大发现，才解决了另一部分谜题。

法国学者安托万·艾萨克·西尔维斯特·德·萨西（Antoine Isaac Silvestre de Sacy）在破解罗塞塔石碑谜题的

工作中，将研究重点放在世俗体的部分，他采用的理论是，通过将希腊语书写的名字与未解碑文进行比对，从而确定世俗体文字的字母结构。在这种指导思想下，他通过相互参照的方法，取得了一定的进展，但却不能建立起字母表。一位名叫约翰·阿克布拉（Johan Åkerblad）的瑞典学者遵从德·萨西的理念，取得了更大的成功，他得出结论，世俗体文字的字母表由二十九个字母构成，不过他并未能利用这一发现，破译这种象形文字。英国考古学家托马斯·杨（Thomas Young）的聚焦点则放在德·萨西之前推测的另一理论上，即这些象形文字可能是语音的表达，而非表意。他苦心竭力地对照全部三种碑文中的名称，发现了一些关联，由此引导他得出结论，这些名称确实是以象形文字记录的语音拼写——这可谓是一大突破，但遗憾的是，对于破译其余的符号系统，依旧未起到太大作用。

1822 年，石碑出土的二十三年之后，一位名叫让-弗朗索瓦·商博良（Jean-François Champollion）的法国学者解开了谜题中具有决定性意义的最后一个部分——是理解象形文字的一个巨大飞跃。商博良在此之前一直在同其他古埃及学者通信，其中有一位名为威廉·约翰·班克斯（William John Bankes）的学者，曾在埃及神庙中发现过用世俗体、希腊文和圣书体书写的其他铭文，并做过复制。班克斯将那些铭文的复件寄送给商博良，他将之与罗塞塔石碑上的文字加以对比，意识到象形文字中同时包含表音和表意元素。通过进一步研究，商博良从圣书体中破译出更多名称和词语，并于1824年创作了一本书，其中包含有最早的象形文字词典，以及初级阶段的古埃及语语法。他的发现收到大量回馈，包括法国路易十八国王的表彰，他本人也被国王任命为巴黎卢浮宫古埃及博物馆的馆长。

商博良发现的规律使得古埃及学者破译出数千行象形文字，解开了古埃及历史中的一些关键性谜团。这块石碑至今仍然是大英博物馆的重要展品之一，它已经在那里展览了超过两个世纪。

罗塞塔石碑到底说了些什么

罗塞塔石碑中的文字也称《孟菲斯法令》，它实质上是一份协议，缔结双方分别为神显者托勒密五世法老和埃及神庙的大祭司们，法令颁布于公元前196年，法老加冕周年纪念日。托勒密一世曾是亚历山大大帝麾下的一员大将，亚历山大去世后，他继承这位勇士王之位，成为埃及的统治者，开启的君主王朝延续了三个世纪，直至公元前30年罗马人入侵。神显者托勒密五世登基的年代，埃及政治社会动荡不安。他的父亲突然去世，母亲于一场宫廷政变中被谋杀，年仅六岁的他沦为争夺国家控制权的权力斗争中的人质。

由于宫廷斗争的缘故，神显者的登基之日被延迟数年，不过在确定得到祭司们的支持后，他在古城孟菲斯——位于今开罗以南二十公里——正式加冕，一年后罗塞塔石碑开始雕刻。该碑的建造目的是为了巩固人们对于这位至高无上的统治者的崇拜（这是成为埃及法老的先决条件），不过它也体现了政界调遣大祭司群的娴熟技艺。在托勒密王朝时代，政权所在地从孟菲斯转移到发展中的大都会亚历山大港。神显者需要祭司们的持续支持，以维持秩序，合法化自己的王权，因此为取得祭司们的支持，他将该法令铭刻成罗塞塔石碑颁布，赋予他们继续生活在灵魂家园孟菲斯（而不用搬迁至亚历山大港），同时免于遵从前任法老下达的一系列税法的权利。

纹　章

　　符号中最复杂和历史悠久的一个体系，当然也是寓意最丰富的一个体系，当属纹章和盾徽这项古老的艺术。"纹章"（herald）一词源自中世纪德语词汇 harja-waldaz，大致可翻译为"军队将领"。传令官[1]的工作最早是在对立的军队双方之间担任传信者，为了有效履行这一职责，他们在战场上需要很容易辨识。随着军事装备的发展——尤其是武器形式越来越复杂——辨识不同军队效忠对象的需要就成了首要考虑。

　　到十二世纪时，传令官也可作为中世纪比赛的司仪，负责宣布和介绍竞赛者，评判他们的出身和家族谱系。经年累月，传令官的职责再一次增加——相当于低阶贵族，

1　herald 一词除可指纹章外，也可指使节、传令官。

类似于骑士和准男爵——拥有授予、记录和主持盾徽仪式的权利。

由于盾徽的主要功能是在战场上识别敌我，那么自然地，其主要特点就是盾牌一般的形状。按照习惯，这一图形会被分成不同部分，用各种名为普通图记（ordinaries）的彩色图形装饰。人们熟悉的普通图记包括不同风格的十字、水平和对角的饰带、垂直的条纹、箭头和单圆环。

从盾徽左上角倾斜伸展到右下角的直立条带或粗条纹被称作右斜带（bend）；如果采用相反的方向，则称为左斜带（bend sinister）。右斜带常见于士兵的盾牌，因为条带代表的是 baldric——军队用肩带——以及在围攻战中用于丈量城堡防御土墙的梯子。事实证明，十字形尤其受欢迎，纹章记录和字典中记载，有超过 100 种的十字变种图案，历史可追溯至十一世纪末的十字军东征初期。其余贵族的普通图记则有着更为独特的含义，例如箭头形 [在纹章学中的术语叫作 V 形（chevron）]，它一般被用来象征防卫，常常用于现代军队和警察制服中，代表军衔和身份。圆形被称为 roundels，严格说来，这被认为是一种次普通图记（sub-ordinaries），常用来代表重要性稍逊的人士，尽管如此，圆形依然会被用来授予那些尽管地位低微，但却被认为忠心耿耿、值得信赖的家族。

每种普通图记一般会被赋予一种象征性色彩，其名称主要源自古法语，不过到十五世纪时，已被英国纹章术语学所采纳。经典色彩包括 sable（黑色，代表悲伤和谨慎），azure（蓝色，代表诚实和忠贞），gules（红色，代表刚毅和达观），vert（绿色，代表爱与喜悦）。金色和紫色一般用于象征皇室、荣耀和法治。

除一种普通图记之外，许多盾徽还包括象征物，或者用纹章学术语来说，叫作 charges，即器物和动物图案。狮子和豹从传统来说就是战场上力量和勇气的象征，在中世纪的纹章图像学中很常见，书籍自然体现的是明智与学识，狗代表忠诚和诚实。不过从动物所代表的意涵中，我们可发现纹章学的复杂之处，其中似乎有无数种组合形式，而每一种都有其独特的传统关联意义。所以狮子象征着勇敢，这一点尽管相当直接易懂，但该图案还能传达大量次要含义。举例来说，抬起前腿呈直立行走姿势的狮子象征着决心和毅力；如果狮子呈静止的坐立姿态，脑袋正对观者，那么则代表的是谨慎而明智的态度；后腿直立的狮子蕴含勇气之意。

完整的纹章一般包括一块有装饰的盾形图案，以及其他一些常见元素的组合：可能包括一件顶饰、一个头盔（如传统的军队徽章）、一句箴言或支撑物——位于盾形图

英国皇家盾徽上有两种支撑动物，分别是后腿直立的狮子和虚构的独角兽；法语箴言"honi soit qui mal y pense"意为"心怀邪念者蒙羞"。

案两边的两个形象，仿佛在支撑着盾牌，使其保持直立。英国皇家徽章中盾形图案的一旁是一只后腿直立、面部正对观者的狮子（也即一只后脚站立、面朝前方的捕食猛兽），另一边则是虚构的独角兽。

纹章一旦授予，会在伦敦纹章院这类官方机构登记，每个新纹章都附有一篇被称为"描述"（blazon）的说明。为举例证明纹章学元语言及其规范令人眼花缭乱的复杂性，以下是英国皇家徽章的官方描述：

纵横四分，第一和第四格为红底，绘三只金狮，后腿直立，正视观者，前臂张开，趾甲为蓝色（代表英格兰）；第二格为饰有逆向排列百合纹的双边带，其中立着一只红狮（代表苏格兰），第三格为蓝底金竖琴，琴弦为银白（代表爱尔兰），通体由一条吊袜带环绕；作为顶饰的本色皇室头盔和王冠之上，一只四肢着地的狮子侧向站立，面部正对观众，头戴一顶本色王冠；覆巾为白貂毛；作为支撑物，右侧为一只后腿站立、面朝观者的狮子，头戴顶饰款式的王冠，左侧为一只前腿支撑、面朝观者的独角兽，毛发和蹄为金色，勒紧脖颈的是一顶冠冕，以十字纹和百合花饰构成，其上有一根链条从两只前腿中穿过，绕过背部。盾牌之下悬挂的饰带上书"我权天授"，同一枝茎秆上，共生着蔷薇、三叶草和蓟花。

牛津 vs 剑桥

英国两大杰出学府，牛津和剑桥大学之间的竞争，拥有漫长且多彩的传统，其历史可追溯到数百年前。每年一度的"校队"运动竞赛项目，包括板球、橄榄球和足球的竞争都异常激烈，不过还是无法同每年一度的泰晤士河赛舟会相提并论。在径赛、田赛和河上赛事中，双方表现都相当均衡，不过有一个领域，剑桥明显占据优势地位，那就是城市的盾徽。

剑桥的市徽是在1575年颁发的，其设计典雅大方。盾徽上以画谜的形式描绘了城市的名称，展示了一座横跨剑河两岸的大桥的图案，外加传统上代表皇室的百合花和都铎玫瑰的花饰。顶饰采用的是剑桥城堡，那是一座诺曼式的防御工事，由威廉一世所建，现在残存甚少；纹章两侧有镀金的海马作为支撑。这些元素和色彩相互关联和补充，创造出一幅典雅而简洁的图案。

相比之下，授予时间比剑桥早九年的牛津市市徽，却显得杂乱又怪异。不过，同剑桥一样，这幅盾徽中也用一个简单的画谜，拼出了城市名称——一头牛在横渡一座河上的浅滩——顶饰描绘的是一只蓝狮，姿态为后腿直立、扬起前爪、面对观者，头戴冠冕，且执有一枝都铎玫瑰。盾牌两侧有两只传统支撑物：右侧是一头后腿直立、扬起前爪、缚有链条的蓝象，它似乎身着睡衣裤；左侧是一只后腿直立、眼神邪恶的绿海狸，同样也缚有镣铐。这枚纹章是伊丽莎白一世在1566年的一次驾临中授予的，人们认为两只支撑物代表的是伊丽莎白一世宫廷的两位重要成员：牛津郡治安长官、总管大臣弗朗西斯·诺利斯爵士（大象）和牛津郡民兵队长莱科特的亨利·诺利斯（海狸）。没有证据表明该图案为伊丽莎白亲自挑选，如果确实是她所选，那么她显然很有幽默感。纹章带有一句拉丁箴言脚注，Fortis est Veritas，意思是"真理就是力量"。

百合花纹

　　百合花纹（Fleur-de-Lys）是中世纪纹章中一个常见的符号，在法国盾徽中尤为突出。这种符号有多种形式，虽然经常与法国联系在一起，却与一些起源于古美索不达米亚和埃及的艺术品及装饰品有着惊人的相似之处。

　　这个符号通常被认为是对盛开的百合的风格化表现，理由是，它看起来很像两侧花瓣从植物中央花冠垂散开的样子。然而，一些学者和植物学家却怀疑，该纹样虽然一般被称作百合花饰，但图案并非源自于百合而是鸢尾。这种假说的依据在于，这种符号被法国的法兰克国王吸纳为王室象征，而他们的祖先是德国的一支游牧民族，曾一度定居在荷兰的卢茨河周边，那里的河畔开满了鸢尾。支持这种理论的人认为，"卢茨河花纹"（fleur de Luts）随着岁月变迁，变成了 fleur de lys，因而与百合花混为一谈。

无论植物学起源为何，这种符号被吸纳进法国王室纹章的过程，如今与九世纪初期的查理曼大帝特别联系起来。最早的王室纹章中，有一面散落着金色百合花的蓝盾，但是到十四世纪末，查理五世统治时期，该图案已被简化为只描绘三朵大花。这两种不同的图案在纹章学中分别被用来代表法国古代和法国现代。

　　在 1337 年，百年战争[1]开端之际，爱德华三世国王吸纳百合花成为英国纹章的一部分，将法国古代纹样融入金雀花王朝的盾徽，用以宣告对法国王位的拥有权。此后的英国君

2011 年 10 月的一场橄榄球赛事上，新奥尔良圣徒队四分卫德鲁·布里斯（Drew Brees）头盔上的队标，就是百合花纹。

1　指英国、法国及后加入的勃艮第之间的战争，是世界最长的战争，持续了长达 116 年。

主继续将该符号组合在纹章之中，直至十九世纪早期。而在法国，1789年之后，现代纹样则被替换为王室标准的三色旗。尽管如此，在受法国影响深远的地区，如加拿大的魁北克和美国的新奥尔良，百合花纹依然普遍应用于旗帜上。

在早期基督教的图腾中，纯洁的百合花有时会被用来代表婴儿时期的耶稣基督，而到了十三世纪，经文和宗教典籍使用这种花卉象征纯洁和忠贞，并由此引申指代圣母玛利亚，不过这三枝百合花也会被视为圣三位一体的象征，横贯底部的束带代表玛利亚。除了出现在描绘圣母的画作和彩绘玻璃上，它也被用在几位教皇和红衣主教的纹章上。而且也有可能，早期法兰克国王吸纳百合花纹，是为了象征上帝赐予他们的神圣君权和精神保护。

现代对于百合花纹的运用非常广泛，而且形式多样。童军运动的创始人罗伯特·贝登-鲍威尔（Robert Baden-Powell）将百合花纹的一种变体融入运动徽标之中，他是从英军勘察专家获颁的一枚军章中借用的该符号。百合花纹也被其他一些军队机构用作证章纹样，包括现已不复存在的加拿大远征军，他们曾于索姆河战役中参与战斗，还比如以色列情报总队。由于百合花出现在意大利佛罗伦萨和美国新奥尔良的纹章之上，因此该纹样也可见于意大利足球甲级联赛的佛罗伦萨俱乐部球队，以及美国美式橄榄球联会的新奥尔良圣徒队的官方图标之中。

席卷新奥尔良的飓风

2005年8月，卡特里娜飓风袭击美国南部，新奥尔良受灾最为严重。由于城市防洪堤坝决堤，有八成地区被洪水淹没，大约有1500人丧生，还有数千人因为灾难而无家可归。

许多无家可归者在超级穹顶找到了临时避难所，那里是新奥尔良圣徒队的主场体育场。据估计，该体育场曾作为避难所收容过多达两万名灾民，尽管该场地在飓风中也遭受了严重的损坏。超级穹顶体育场及其临时居民的困境成为了一种象征，体现了新奥尔良人在面临逆境时的毅力和决心。卡特里娜飓风之后，许多幸存者文了新奥尔良标志的文身，在百合花纹处加上了8/29,灾难发生的日期，以此来纪念遇难同胞，声援和感激城市的重生。

⚡⚡ ☘ ☠ ☮ # ♥ ☯ & ★

第二部分

归属与符号
——从宗教到兄弟会

一个符号中，有隐藏，但也有揭示。这样一来，通过沉默与宣讲的共同作用，造就了双重意义。在正常符号中，我们可以简称之为符号，或多或少总会有一些明显和直接体现及揭示无穷的部分存在；无穷与有限融为一体，无穷可以说是明显、可及地存在于其中。相应地，人被符号所引导和命令，变得幸福，抑或不幸。

——托马斯·卡莱尔 [1]（Thomas Carlyle）

1　1795—1881，苏格兰哲学家、讽刺作家。

这一部分涉及的是一些，无论好坏，都已同人类思想意识和身份关联起来的常见的识别性符号。虽然许多此类符号，例如卐字纹和镰刀锤子，已打上了根深蒂固的历史烙印，但它们的缘起却并非总是那样轮廓鲜明。

　　其余一些来自现代流行文化的主要符号，例如笑脸和心形，也同构想和本义有了一定差异。这些符号完全有可能被未来世代和文化重新利用和定义，以适应人类表达方式不断变化的本质。

阴与阳

阴阳符号，又称太极图，源于中国道教传统。其图标为一个圆，平分为水滴形的两仪，一白一黑，每仪中又包含一个与自身颜色相反的小点。在道教中，这个旋转的永恒对立之圆象征着道，即自然界和精神世界万物的统一；融为一体的明与暗代表对立力量的协同依赖。阴，即暗面，是阴柔的一面，象征冷与被动、月亮与黑夜。阳，即明面，是阳刚的一面，代表热、活动与运动、太阳与白日。圆点象征着，任何对立的两种力量，都无法脱离彼此而存在；这种相互关系对于平衡与和谐至关重要。

阴阳符号现已被吸纳进流行文化，维持对立方和谐共处的中心哲学思想扩展应用到诸多领域，诸如健康、治疗与饮食，以及良好的工作与生活的平衡。这种哲学也是中国烹饪艺术的关键。一道菜或一餐饭，为了圆满完成，必须兼顾口味与食材的平衡。阴和阳在这方面的体现在于，

对立又相互依赖共生的阴阳哲学，从中餐烹饪到风水，应用于当今生活的方方面面。

加温或加热诸如香料（阳性食物）类的食材，冷却和冰镇诸如水果和蔬菜（阴性食物）。从营养学角度来看，碳水化合物代表阳，而维生素和矿物质代表阴。

　　据称阴阳思想源于孔子的教诲，及其讲述的关于自然的寓言，例如山的阳面和阴面。他有可能只是在以诗意的方式表达了对宇宙和我们生活的优雅的观点，而非一种我们赖以生存的、包罗万象的哲思。而阴阳思想也常为西方新世纪哲学所借用，尤其是自我帮助和非传统生活方式理论。一般而言，问题或困境因对立势力之间的不和谐而生，这种见解本身虽然简单，但却是一个足够合理的前提。然而，阴阳思想在现代社会中的应用却变得晦暗不明，造成这种结果的原因在于人们寻求和谐的方式。

三大宗教及其代表符号

基督教的十字架

　　基督教的十字架是人类历史上最自相矛盾的符号之一，它同时代表着耶稣基督的死，以及荣耀重生。它的作用是提醒基督徒不要忘记痛苦和希望两方。

　　不同变体的简单十字架在符号学历史上一再出现，当然，我们现在所知的基督教的十字架，在耶稣受难很久之前就已经存在；它在古代的亲族包括埃及的 T 形十字章，以及最早的卍字纹。即便是在耶稣受难之后，十字架也经过了三个世纪的时间，才广为基督徒接受。直至君士坦丁一世大帝——第一位皈依基督教的罗马帝国皇帝——在公元 337 年出于对耶稣受难的尊敬，废止刑罚，十字架才从一种刑罚工具，成为一种民众可接受的敬奉符号。

而耶稣受难十字架像（crucifix，该词源自拉丁语 cruci fixus，意为"被钉十字架"）这一立体呈现耶稣被钉十字架情景的符号，被认为直至公元六世纪才出现。

星星与新月

与大多数宗教不同的是，伊斯兰教并没有一个正式的符号，这与它反宗教偶像崇拜有关。不过，还是有很多视觉图像与伊斯兰教联系在一起，其中最著名的可能就是星月图案。

　　和基督教的十字架一样，星月图案早在与之相关的宗教出现前就已经存在了。有文物为证，这一符号对古代摩押、苏美尔、帕提亚、巴比伦文明非常重要，这些古代文明全部都以我们现在所谓的中东地区为根基；在历史上可追溯到早达公元前四千年的苏美尔神话中，新月代表月神，星星代表爱与生育女神。到罗马时代时，这一符号同拜占庭，即现在的伊斯坦布尔有了特别联系，在十四世纪，该符号被用在十字军东征时期的穆斯林军队的战旗上。

　　1453年，新月开始出现在奥斯曼帝国的国旗上，星星则是在十九世纪才添加的。这一完整图案至今仍出现在许多穆斯林人口占多数的现代国家国旗上，包括土耳其、巴基斯坦、阿尔及利亚和利比亚。

大卫之星

大卫之星——六芒星或六角星——在十七世纪才被广泛用作犹太教的象征，不过某些犹太社区采用该图案的时间大约要比这早六个世纪。在宗教符号中，星星和十字架一样，经常出现，而且也拥有许多不同的含义——五角星，或五芒星自古以来就同非教徒或异教徒相关联。

大卫之星源自于中世纪的大卫之盾——上帝的另一称谓——这一概念，这一图案十四世纪就已出现在布拉格犹太社区的一面旗帜上。该图案也与所罗门的封印紧密相关，封印图案是一个圆圈内嵌一个六角星，与大卫之盾出现在同一面旗帜上。在二十世纪三十年代的德国，大卫之星成了迫害的象征，当时所有的犹太人都被迫佩戴，不过第二次世界大战以后，该图案骄傲重生，成为以色列国旗上的中心标志。

大卫之星经常被用来象征压迫，例如在二十世纪三四十年代，数百万犹太人被迫佩戴这些反犹性质的服饰徽标。

心

　　心形图案在全世界许多文化和信仰体系中都是一个至关重要的符号。古往今来，它一直是宗教传统形象的关键，是情人节卡片上象征真爱的恒久图像，此外它也日趋常见地出现在扑克牌、写有"我♥纽约"字样的T恤衫等各种物品之上。它甚至还在电子通信中有自己的速记方式：< 3。但凡对人体生物学有点了解的人都知道，这颗鼓胀的红心图像，从解剖学上来说是有缺陷的，它与我们所有人都有的那个实际器官之间，相似点甚少。为什么会这样？

　　有一种说法是其源于古埃及的图腾，用象形的手法，将心脏描绘成花瓶状，花瓶的把手则代表动脉和静脉。古埃及人认为心脏是生理和精神健康的关键，在制作木乃伊的时候，会将其置于逝者体内，而移走其他重要器官。这样做的原因在于，他们相信，神明会利用心脏来决定一个人死后的命运：为了进入天堂与和平之地，死者将在地狱守护神阿努比斯的引导下，前往玛亚特[1]的审判大殿，那里有一台神圣的正义天平，用来比较人心和羽毛哪个更重。如果这个人善良、正直、纯洁，那么心脏将完全和羽毛同重。而在天平的脚下，坐着玛亚特的宠物阿穆特，它在埃及传统形象之中被描绘成一只凶神恶煞的犬类恶魔；任何心脏，如果由于自身的缺点和罪恶，导致天平倾向心的一侧，就会被拿去投喂这只饥饿的怪兽。

同样地，世界上许多其他宗教虽然没有这种贪婪的食心怪兽，也都将心脏同圣土紧密地联系在一起。在犹太教中，心脏被象征性地同圣界联系起来，那里是耶路撒冷圣殿的中心所在，约柜——犹太教的核心——就存放于此。心形图案在基督教传统形象系统中也很常见，尤其是在圣心（耶稣心脏）的概念里，它代表着耶稣对人类的爱。中世纪的油画和彩绘玻璃窗上都描绘了圣心被荆棘或锁链缠绕的画面，周围环绕着闪闪金光，上方是十字架。天主教会认为这一图像——现代情人节心形符号——源自十七世纪法国修女圣玛格丽特·玛丽·阿拉科克的想象，耶稣去拜访她，并让她把头靠在他心口，这样她就可以学习他的善良和奉献精神。

---

1 古埃及神话中的真理与正义之神。

一扇描绘着耶稣圣心的彩绘玻璃窗

先不论宗教因素，我们都很熟悉的经典心形图案，早在十五世纪初年就已开始在法国人的牌堆中出现。话虽如此，虽然瓦伦丁[1]的讯息从中世纪开始，就只在情侣之间交换，但心形图案作为真爱的象征，出现在扑克牌和信件中，很大程度上是因为维多利亚时代的英国。

心形图案作为爱情符号的真正起源依然存在争议。一

1　公元270年2月14日，罗马圣教徒瓦伦丁 (Valentine) 被处死刑，基督教徒为纪念他，将临刑的这一天定为瓦伦丁节 (Valentine's Day)，又称情人节。

些学者辩称，曾被我们的祖先广泛用于医药治疗，但现已灭绝的罗盘草就拥有心形的种子，它的一个很重要的用途是避孕。在命途悲惨的城市庞贝的妓院门楣上找到的心形图标，进一步巩固了心形图案和性爱行为之间的联系。因此，可想而知，用心形表示爱和激情，可能是作为对情欲的一种含蓄表达，而在压抑的维多利亚时代流行开来。

我♥纽约

对心形图标最具特色和最具辨识度的使用，可见于纽约旅游纪念品上的图标。这一经典图案可谓是当代的画谜，其构成要素包括字母I、心形图标以及大写的首字母NY，以一种名为美国印刷体的经典字体呈现。

1977年7月爆发的纽约大停电导致城市里抢劫和暴乱四处发生，纽约商务部副部长威廉·S.多伊想出一个计划，让城市团结起来，树立正面形象。多伊雇佣威尔斯·里奇·格林策划了一场营销活动，不仅针对纽约市，还面向整个纽约州。威尔斯·里奇·格林募集各路才俊，为他们的营销活动设计一个标志，其中包括纽约土生土长的平面设计师米尔顿·格拉赛。格拉赛的设计灵感源自于他在加拿大旅行期间，在汽车保险杠上看到的宣传蒙特利尔广播电台的贴纸。格拉赛知道，纽约也是一座"有心的城市"。

他的设计当即取得了很好的反响，很快就开始出现在如今已成为经典的白色T恤和其他纪念品上。该图标已经成为纽约市经久不衰的象征，在大众的印象里，拥有与自由女神像和帝国大厦同等的地位。米尔顿·格拉赛的原始设计草图和演示板被收进纽约当代艺术博物馆作永久展品。

9·11事件之后，纽约再一次感到，面对灾难，需要有一个团结和力量的象征。于是格拉赛为自己的图标创作了一个新版本，其中重现了原本的"我♥纽约"的图案，还加了一句"超乎以往"（More Than Ever），心形图案上也出现了一小块黑斑。

卐字纹

卐字纹是近来人类历史上最富争议性的图标之一，但实际上它是一个已使用超过三千年历史的古老符号。在特洛伊古城（位于现在的土耳其境内）发现的陶器和钱币上都有卐字纹，这表明早在公元前1000年，这种符号就已经有了普遍运用。后来它逐渐被世界各地的许多文化吸收，包括中华文化、日本文化、印度文化、美洲本土文化和欧洲文化，代表太阳、雷、基督教十字架和炼金术等不同的事物。

这一符号同东南亚的联系尤为紧密，在那里被广泛运用，主要被人们视为好运的象征，在别处的政治事件对其使用的影响微乎其微。直至今日，印度教、佛教和耆那教仍在继续使用这个符号。

当然，卐字纹在现代西方文化中最为臭名昭著的原因在于，它同阿道夫·希特勒的纳粹党和第二次世界大战这段恐怖的历史，有着不容忽视的联系。一些历史学家曾尝试为后代纠正这一符号，因为旧有的用法显然已经同纳粹绑在了一起——不过时至今日，它仍是芬兰总统勋章的组成元素——但是即便对主题加以改变，例如变成三支或五支的变体，还是会因为与"经典的"四支式卐字纹有所联系，而受到不好的影响。不可避免地，该符号以及由此引申出来的其他变体，被右翼极端势力欣然接受，诸如南非尤金·特雷布兰奇 (Eugène Terre' Blanche) 组织的南非白人抵抗运动。

　　第二次世界大战距离现在的时间还足够近，依旧是我们文化认知中的一次关键事件，卐字纹在这场战争里是一个最有影响力的令人恐惧的符号，而它在煽动和激发激烈的民族主义情绪方面的能力，早在二十世纪三十年代希特勒上台之前就已表现出来了。举例来说，在十九世纪，德国周围的邻国面积逐渐扩大，建立起庞大的帝国，然而德国本身在 1871 年之前仍是松散的邦联制国家。为了扭转这种脆弱局势，逐渐灌输一种文化上的统一观念，十九世纪中叶，德国考古学家在基础薄弱的信仰领域做出了一定程度的提高，主要是为了迎合当时流行的"纯正印欧血统"的种族意识，民族主义者受到激励，开始用这一符号来作为日耳曼种族优越性的标志。到十九世纪末，民族主义运动的期刊上毫无疑问都能找到卐字纹，这是一种浪漫化的德国民族主义运动。不久，卐字纹成了德国民族主义广泛流传的标志，在许多地方都能发现，包括德国青年运动候鸟运动的勋章，体操运动员联盟的勋章，兰茨·冯·李本菲尔斯（Lanz von Liebenfels）的反犹主义期刊《种球》（Ostara），各种自由军团的制服，还成为了道力会的标志，该组织原本应该是一个"德国古迹研究团体"，但研究内容明显偏向了神秘学研究。

其实直到第二次世界大战爆发，卐字纹才拥有了现如今为人所熟知的邪恶含义。事实上，来自英美的百代电影公司，在二十世纪三十年代曾对德国于这段时间内所展现出来的威严和秩序，流露出一定程度的崇敬，而卐字纹则是团结这一切的纽扣。希特勒曾当选《时代》杂志1938年的年度人物，现在看来这一事实似乎让人难以置信。但是至少在一开始，德国的卐字纹和纳粹军礼，代表的只是一个复兴中的国家，其所象征的残忍意味，可能还不及米字旗在印度次大陆人民心目中的程度。

不过，为什么卐字纹会被选中？为什么在《我的奋斗》的第一版草稿空白处张贴的便笺上，出现的是古老的卐字纹，而不是一个圆圈、一只鸽子，或某个乱涂的东西、某个剔除了原本含义的符号呢？事实上，希特勒在《我的奋斗》中确实用了一些篇幅来思索标志的选择，不过他承认这是牙医兼道力会成员弗里德里希·科龙博士（Dr Friedrich Krohn）的功劳，称是这位博士向他推荐的最终图案，而地缘政治学者卡尔·豪斯霍费尔（Karl Haushofer）则启发他为该图案赋予了新的含义以及历史"真实性"。其经典的配色方案具有典型的日耳曼风格：白色代表民族主义，红色代表新教条中的社会层面。卐字纹本身则象征着奋斗。

然而，要解开希特勒为何会采用卐字纹的谜团，我们必须要摒弃一切关于纳粹的具有追溯性和高度投机的无稽之谈。举例来说，一直以来都有说法称，是希特勒主义者尤里蒂·米特福德（Unity Mitford）给元首提供了这一符号的灵感，因为她的父亲曾在加拿大矿业城镇斯瓦斯蒂卡[1]待过数年，但这些日期根本不相关。另一种看似有理的理论是说，希特勒之所以会采用该标志，部分原因在于，他在奥地利兰巴赫修道院的依稀记忆，他年轻时代曾在那座修道院学习，而那里的院长西奥多里克·哈根（Theodrich Hagn）曾在东亚朝圣过一段时间，他的巴洛克式器物上就有卐字纹——今日依然可见。哈根院长也将自己和修道院名字的首字母——THLA——篆刻在建筑四周，一些理论家

---

1 Swastika，即卐的名称。

从中延伸出有关于字母 A 和 H 的怪事，但却为了方便省却了其他字母。

说到这一符号在今日的含义，或是人们的认可度，当然主要取决于其语境。究其本质，它是一个几何图案——可能出自远古时代百无聊赖的穴居人的胡乱涂鸦，甚至出自更加无所事事的校园男生笔下，如果是这样，那么它并没有独享的专利权。

从技术上来说，它是一个不规则的二十边形，但是它暗含的意思却要根据旋转的角度、旋转的方向和每个"钩"（saustika）的方向而定。"经典"纳粹十字标记一般是旋转 45 度，原因似乎仅仅是出于审美角度考虑。它冰冷、尖利，而且着色如前文所说，是传统的条顿式配色——迥异于光明节期间印度信奉印度教的青少年额头上可能会看见的深红色符号，印度教教徒这么做是为了祈求好运；也不同于英国彩绘玻璃窗底部的纹样，在英国，这一符号更常用的称谓是希腊十字。

有些文化从历史上对于顺时针的卐字纹和逆时针的卍字纹就有区分：卐代表健康和活力，而卍则代表霉运或不幸。因为纳粹党人使用了卐，所以人们试着重新界定了两个旋转方向之间的区别：顺时针即纳粹使用的，代表憎恶和死亡，而逆时针则保留了活力与好运的古老含义。

作为一条公法，战后德国法典禁止展现一切形式或风格的卐字纹，即便用作讽刺，或是反纳粹的政治宣言中的组成部分。哪怕是 T 恤衫和保险杠贴纸等商品如果包含该符号的图案，都可能被没收。在许多德国人眼中，卐字纹出现的意义等同于在美国出示邦联旗[1]；但也有一些人对于掩盖国家历史上这段黑暗但尤为重要的阶段持谨慎态度，他们辩称，承认魔鬼的标志性符号，可能是削弱其势力的关键。

一战债券的奇怪巧合

在第二次世界大战之前，卐字纹的流行程度，有这样一个例子，可以作为稍显讽刺的例证，即在第一次世界大战期间，英国国家储蓄委员会用了一个卐字纹作为一项战争债券计划的标志。出资者将拿到一枚上面贴有卐字纹邮票的债券，其中有一些保存非常完好，在易趣网上可以拍卖到高达 200 英镑。与此同时，有大量的战争债券宣传海报展示

1　美国南北战争时南方联盟设计的旗帜，带有种族主义和白人至上主义的色彩。

了只有英国人才会触景生情的图像，内容有关于帮助老弱病残，此外还包括那个以今天目光看来毫无疑问是纳粹标志的图案。这种设计的来源很好追溯，但看到时还是会感觉奇怪，感觉就像是把一个令人讨厌的卐字纹同一个和蔼可亲的老奶奶的肖像并置在一起，老奶奶正坐在摇椅上，为军队做编织活儿。

一枚 1943 年的第三帝国邮票

和平标志

二十世纪后半叶所出现的标志性符号中，在全球辨识度上能与和平标志相媲美的，寥寥无几。和平标志最初是为二十世纪五十年代英国刚萌芽的废除核武器运动（CND）所设计的，现在已成为常见的反战运动标志。

1958年4月，在著名的奥尔德马斯顿和平游行中，和平标志首次出现在抗议者的横幅和标语牌上。这次游行的参与者包括数千名反核武器积极分子，他们的队伍绵延了五十二英里，从特拉法加广场——英国最著名的军事纪念地之一——到原子武器研究机构，在伯克郡的奥尔德马斯顿村。这次抗议是由一群和平主义者以直接行动委员会（Direct Action Committee，DAC）的名义组织的，其领导者休·布洛克（Hugh Brock）是反战出版物《和平新闻》（*Peace News*）的编辑。布洛克请平面艺术家、纺织品设

2013 年 6 月，伊斯坦布尔盖齐公园的抗议活动中，一面由和平标志组成的墙壁构成了多姿多彩的一部分。

计师杰拉尔德·霍尔顿（Gerald Holtom）帮忙，设计一个独特的标志来领导他们的抗议运动。霍尔顿于是便创作了这个简洁的图案，它可以很方便地复制在各种织物和材料上。

霍尔顿一开始的设计想法是在一个圆圈中画上一个十字架，但遭到了他前往寻求建议的教会成员和抗议活动支持者的强烈反对，他们认为这样做会混淆标志所传达的含义。

和平标志本身包含两种基本含义。它实际上描画的是一个棍状的人，垂着双臂，姿态像是在投降或承认失败。霍尔顿在给休·布洛克的一封信中，这样介绍自己设计的符号：

我陷入了绝望。深深的绝望。我描画了自己：代表一个陷入绝望之中的人，双手手掌外翻下垂，就像是戈雅的画中站在行刑队前的农民。我将画作重整为线条的形式，在周围框上一个圆圈。

他信中所提到的画作指的是弗朗西斯科·德·戈雅（Francisco de Goya）的《五月三日的枪击事件》（*The Shootings of the Third of May*），不过毕业于伦敦皇家艺术学院的霍尔顿记错了戈雅那幅经典反战画作，画中那位被判死刑的男人实际上双手高举向空中，几乎呈现出一种怀疑和蔑视的姿态。

霍尔顿对于这件设计作品的第二个解释是，人物指向下方的手臂，融合了旗语信号中的 N 和 D，代表 Nuclear Disarmament（解除核武器）。

霍尔顿在妻子与两个女儿的帮助下，复制了 500 份"圆圈中的乌鸦爪"的图案，并将它们贴在类似英国学校附近的过马路护送巡查员所拿的棒棒糖棍上；他很满意将这种设计同保护未来世代不受伤害的想法联系在一起。游行的组织者原本预计，抗议活动会吸引百名左右坚定的积极分子，但最终有一万多人聚集在特拉法加广场表达他们的支持，并加入了前往奥尔德马斯顿的游行。

由于奥尔德马斯顿游行所引起的世界范围内的关注，霍尔顿的设计很快被废核运动吸收为官方标志，并迅速扩散到其他国家的和平运动之中。

　　直至今日，和平标志依然是一个经久不衰的符号，是反对一切形式战争和压迫的集体异议的象征。

锤子和镰刀

除了卐字纹与和平标志，锤子和镰刀也是二十世纪最经久不衰的政治和意识形态标志之一。但和之前两个符号不同的是，该图案的起源，尤其是设计者的身份依然无法确知。

锤子和镰刀符号似乎是对之前一个标志所做的改良，在 1917 年的布尔什维克革命爆发之前，俄国地方纹章之中曾出现过一幅一把锤子横在犁铧上的图案。彼得大帝在十七世纪末开始拨款登记纹章，这是他将俄罗斯提升为西欧强国阵营计划的一部分。该计划虽然管理不善，定义不明，却让彼得大帝统治下的罗曼诺夫王朝的纹章，即独具特色的双头鹰，在接下来的两个世纪中，成为沙皇俄国的标准标志。

但在 1917 年革命之后，布尔什维克面临着一个困境：该怎么解决沙俄政权留下的无所不在的标志物？在革命的最后时日，过于兴奋的群众拆毁帝国时代的造像，打碎过去帝王的雕像，洗劫博物馆和宫殿，从国家机构的门楣和墙壁上撕碎匾额和纹章，这样的行为到处可见。新被任命的教化政委，作家和革命者安纳托里·卢那察尔斯基（Anatoly Lunarcharsky）对这种大规模毁坏国家文物的行为感到震惊，游说新任领导人弗拉基米尔·列宁采取措施，制止毁坏行为。卢那察尔斯基是在西方接受的教育，虽然坚决拥护马克思主义革命理想，但是个很有文化修养的人，他精通艺术，痛恨毁坏沙俄帝制时代艺术和建筑成就的暴力行为。

列宁适时地发起了"纪念碑宣传"计划，将推倒的雕像系统地替换为社会、政治积极分子和革命英雄的纪念碑和雕像。之前悬挂过双头鹰的场所，开始出现象征共产主义的五角星。

1918 年，卢那察尔斯基应列宁的建议，组织了一次竞赛，让艺术家和设计师为新生的俄罗斯创作新的标志。竞赛的主题是设计国旗、盾徽和国家公章。竞赛规则规定，"作品中必须有象征工农共和国的元素——工人和农民的劳动工具"。

苏联国旗上的锤子和镰刀不仅象征着一个国家，也象征着东欧集团冷战时期对西方的蔑视。在这张1963年发行的罗马尼亚邮票上，这面旗帜骄傲地飘扬在宇航员尤里·加加林的肖像后。

    第二年，人民委员会召开会议审议竞赛提交的作品。最初获胜的设计为红色背景，上面有一颗冉冉升起的太阳，散发出光芒，周围环绕着束束麦穗，位于中央的是交叉的锤子和镰刀，下方是一把指向上方的剑。不过列宁对剑这一元素却有所犹豫，在印章设计改良时，这一元素被迅速移除。新的国家公章的关键组成元素是锤子和镰刀——在俄语中，这种组合的名称颠倒过来，叫作"镰刀和锤子"——这样就完全满足了列宁和卢那察尔斯基为竞赛所定下的标准：锤子代表城市工人无产阶级，镰刀代表乡村农民。

这一纹章被迅速吸纳进布尔什维克的宣传，大量运用在为 1919 年五一国际劳动节庆典所制作的横幅和街头艺术作品之中。锤子和镰刀图案最终取代了旧政权的所有标志，出现在所有国家文件、货币和徽章上。1923 年，该图案被吸纳进苏联国旗，直至 1991 年苏联解体。

而至于旗帜"作者身份"的问题，答案则至今仍不清楚。历史学家提出了多个人选，包括所有在革命时与早期布尔什维克政权有过密切联系的艺术家，例如平面设计艺术家和陶瓷艺术家谢尔盖·切克宁（Sergey Chekhonin）；在社会现实主义传统中转变为街头艺术家和舞台设计师的画家叶夫根尼·卡姆佐尔金（Evgeny Kamzolkin）；为列宁的纪念碑宣传计划创作了许多雕塑的雕塑家尼古拉·安德烈耶夫（Nikolay Andreyev）。由于没有确凿的证据能证明锤子和镰刀纹章由单独艺术家所设计，那么最有可能的情况是，该图案是由一组艺术家在列宁和卢那察尔斯基的领导下，创作、改良完成的。

非洲版本的锤子和镰刀

用锤子和镰刀来代表工人阶级斗争的思想，也得到了其他共产主义或受共产主义思想激励所建立政权的国家的接纳和改良，尤其是在非洲的部分地区。举例来说，安哥拉的国旗中采用的是一把弯刀和一截新月形的齿轮交叉所构成的图案，弯刀象征乡村农民，齿轮代表城市工人。莫桑比克的国旗设计思想，与采用工人阶级的生产工具作为标记的理念相去甚远，其中出现了交叉的锄头和带刺刀的AK47步枪图案，以一颗黄色的马克思主义风格的五角星作为背景。不过，刚果人民共和国[1]的国旗体现的是一种更为传统的处理方式，将锤子和锄头置于一只花环中，背景则是共产主义风格的红色背景，不过随着1991年马列主义政府放弃政权，新风格的刚果共和国采用了更为简单的三色旗。

1　刚果共和国于1970年至1991年的国名，是非洲第一个社会主义国家。

三叶草和四叶草

　　三叶草，或称天蓝苜蓿，从传统上就同圣帕特里克联系在一起，而且与爱尔兰互相联系。根据一些传说的记录，圣帕特里克用三叶草作为基督教三位一体的隐喻，尽管相关传说似乎只能追溯到十八世纪初期。其三个叶片可能也代表了《哥林多前书》13:13中所记录的神学三德，即信仰、希望和爱。三叶草同宗教的结合要早于圣帕特里克一段时间。

　　古代凯尔特人崇拜三叶草的另一个原因在于，它们有三个叶片。凯尔特人对这种植物同自然，以及无数以三位一体为基础的强大宗教和科学信仰之间的联系，有着深刻的理解，正如我们在三曲枝图、三重螺旋、三角装饰图、德鲁伊教的标志，以及各种款式的凯尔特结饰中所见的那样。从更加世俗化的层面来说，三叶草被认为是家畜

三叶草直到十八世纪初才与圣帕特里克联系起来，不过现在它已成为爱尔兰的常见符号，装饰在都柏林的路灯上。

重要的饲料来源——三叶草只需要极少的照管就能取得丰产——德鲁伊教将其惊人的生命力视为神圣的标志。就这样，三叶草成了生命的标志。

"三叶草"（shamrock）一词来源于爱尔兰语 seamrog（意为夏天的植物），是爱尔兰语中对三叶草一词的昵称。爱尔兰有关于三叶草的传说涉及多种神秘力量：据说它的叶子竖立起来，预示着风暴即将来临；还有说法称它可以治愈蝎子蛰刺和蛇类咬伤。那么根据十八世纪流传的圣帕特里克的传说，三叶草被广泛接纳为爱尔兰的象征，也就不足为奇了；虽然国家官方国徽依然是竖琴，但三叶草依然是爱尔兰的主要象征。它经常被用于许多爱尔兰运动队伍的徽章中，拥有跨文化的影响力，既被北爱尔兰的运动队伍和商业公司采用，也被爱尔兰共和国，甚至不列颠的军事团体，如爱尔兰护卫队采纳。

数量较为稀少的四叶草在爱尔兰实际上是好运的象征。相当明显的是，它并不是三叶草，许多圣帕特里克节[1]都被粗心的面包师和花商搞砸了，他们根本不明白这两者的区别。找到一株四叶草，最好是偶然发现的，然后戴上它，由于它多了一片叶子，因此除了其他三片叶子所象征的信仰、希望和爱之外，还能为发现者带来好运。根据其他的定义，四个叶片分别代表不同的幸运特质，分别为尊重、财富、爱与长寿。

四叶草成为神秘的象征，很有可能是因为各路爱尔兰民间传说的融合。从宗教的角度来看，它可能也代表了同圣帕特里克规定的同样的圣三位一体，但多出来的第四枚叶片则象征着人或人性。因此第四枚叶片的显现就象征着赎罪。

四叶草很稀有，但是这不能阻止那些狂热的收集者，他们收集了多达 160 000 片四叶草。此外，好运的划分并没有限制：绝大多数收集者都相信，如果你碰巧找到了一片

1　每年 3 月 17 日，为纪念爱尔兰守护神圣帕特里克而举行的节日。

五叶或六叶草，或有更多叶片的草，好运会更多。据称在一根茎秆上发现的叶片的最大数量，在21到27之间，不过那些多出来的叶片具体象征着什么，或者拥有者为什么会享有更多的好运，就不清楚了。第一次尝试就找到五叶草的概率是百万分之一，而找到任何多于五个叶片的植物的概率都微乎其微，这样或许就能说明，若没有极其幸运的园艺师，这个传说完全不具备统计学优势。

三叶草和四叶草虽然一直与爱尔兰联系在一起，但它们实际上比人们以为的要常见，在南美、热带高海拔地区和非洲都有广泛分布。三叶草还出现在加勒比海地区蒙特塞拉岛护照戳上，因为那里的许多居民都出身于爱尔兰。那里也过圣帕特里克节，是除爱尔兰外，唯一一个将这个节日作为国定假日庆祝的地方。

成为世界上"最幸运"的人

根据《吉尼斯世界纪录大全》一书的记录，乔治·卡明斯基（George Kaminski）是迄今为止，"发现"四叶草数量最多的世界纪录保持者。在2005年时，他一共发现了多达 72 927 枚四叶草，此时他已经累积了足够多的"好运"，因此离开了他一生中大部分时间都在频繁进出的戒备高度森严的好几家监狱，进入了宾夕法尼亚州一座只有最少安保措施的看守所，但不幸的是，那里没有三叶草地。因此，当阿拉斯加州一位名叫爱德华·马丁（Edward Martin）的弹性退休工作者超过他的记录，并最终将其翻倍——发现了 160 000 枚四叶草——时，卡明斯基只能在一旁看着它发生。马丁表示，在他搜索天然牧场时，他的好运保佑着他免受灰熊和野生驼鹿的攻击。与此同时，卡明斯基通过假释官而接受当地一家报纸采访时，不带丝毫讽刺意味地表示，马丁的好运建立在这样一个事实基础上，他拥有"整个世界可供搜寻"，而不仅仅是美国几家服刑机构。当静下心来进行反思时，卡明斯基或许会明白，在他选择绑架、拐骗和勒索作为职业发展道路时，就已经把运气透支光了。

骷髅和交叉的腿骨

绝大多数学龄儿童一看到骷髅和交叉的腿骨图案，都会立刻认出这是海盗旗（Jolly Roger），是海盗的通用符号。这一众所周知的图案，包括一个眼神斜睨的骷髅头骨，和下方两根交叉的腿骨，给人一种野性和危险的感觉，但与此同时也代表着窃贼之中存在的荣誉感——海盗虽然以玩世不恭的无政府状态而闻名，但他们实际上坚持着一套严格的行事准则。据称，"海盗法则"（Pirate Code）是由一位名叫巴尔托罗梅乌·波图格斯的葡萄牙海盗所发明的，他是现实生活中的"加勒比海盗"，在十七世纪六十年代曾恐吓过西班牙军舰。波图格斯策划了一系列"船员雇佣合同"，用以管理手下船员的行为，还要求他们依次对着一只骷髅宣誓效忠。事实上，海盗旗及其法国版全红色前身"Joli Rouge"（意为"漂亮的红色"）的主要目的在于，提前警告船只即将遭到袭击——就像一种与海盗骇人听闻的名声并不相称的客户服务。

然而，骷髅和交叉腿骨符号的诞生，却比海盗的探险活动早数个世纪。在拉美国家，骷髅和交叉腿骨的符号自古就被置于墓地入口之上，用以阻挡邪灵和盗墓贼。继续向前回溯，它也曾出现在基督和所罗门圣殿的贫苦骑士团的制服上，这些士兵更常见的称谓是圣殿骑士团，是一个活跃在十二和十三世纪十字军东征时期的基督教军团。1312

在拉美国家，骷髅和交叉腿骨符号常被置于墓地入口，以阻挡邪灵和盗墓贼。图为布宜诺斯艾利斯的拉科莱公墓。

年，教皇克雷芒五世解散了圣殿骑士团，很大程度上是因为，该骑士团的势力已变得过于强大，他们通过建立艰难却巧妙的贸易路线，累积了相当程度的财富、储蓄和其他的商业利益，足可与其强大的军事优势相媲美。现代的共济会同圣殿骑士团有着明确的历史渊源，他们将骑士团的仪式和符号融入会员活动之中的做法就是证据；在共济会会所的显眼位置，放有"循轨板"，这是一块精心装饰过的布板或木板，上面就有骷髅和交叉腿骨的图案。

现在，受到西班牙墓地的启发，骷髅和交叉腿骨图案也成了国际上标识毒药或有毒物品的最显眼标志，这种做法最早出现在1829年的纽约州，后来逐渐扩展到全世界，它同时也表示公共场合可能存在的致命危险。

骷髅和德国军队徽章

最近的几个世纪以来，骷髅和交叉腿骨的图案曾被许多国家用作军队徽章，不过其中最引人注目的可能要数德国。骷髅第一次作为符号使用，是在十八世纪腓特烈大帝统治时期。很快，骷髅标志就成为了轻骑兵制服的主要元素，束腰外衣上印有这种图案，独特的毛皮高顶帽前面也装饰着它的徽章。

第一次世界大战后，该符号被停用，不过到了二十世纪三十年代，纳粹头领朱利叶斯·斯特雷切重新启用了这个符号，将其作为"战旗护卫队"——希特勒私人护卫军团的徽章。后来在第二次世界大战中，被各武装党卫队和空军中队所采用。在海因里希·希姆莱[1]（Heinrich Himmler）的命令下，该符号也被铸造在特别制作的银戒指上，作为非正式军功章发给服役满三年的党卫军成员。直至今日，这些戒指仍是道德界限模糊的收藏者们大力追捧的纪念品，经常以相当大的金额频繁易手。

1　纳粹德国秘密警察（盖世太保）首脑。

奥运五环

现代奥林匹克运动会是法国贵族和知识分子皮埃尔·德·顾拜旦男爵的智慧产物，于1896年在雅典首次亮相。这一激励着顾拜旦复兴这项古代体育盛会的梦想，是希望世界各国本着竞赛的精神，齐聚一堂，他希望这样能加深不同文化之间的了解，同时促进和平与团结。

但是直到1912年在斯德哥尔摩举办的第五届奥运会，这一愿景才得以实现，由于有了日本的参与，所有五大洲的代表首次齐聚在奥运会上。在为期一个月的运动赛事中，女性首次获准参与游泳和潜水运动，电子计时技术被引入竞赛，随后顾拜旦向国际奥林匹克委员会发送了一份乐观的汇报。此外他也送去了自己构思的奥运会会标——五个互相套接的彩色圆环，象征五大洲。国际奥委会批准了这一符号，并将其采用为奥运会会旗图案。

图中这座体现奥林匹克精神的纪念碑，是蒙特利尔奥运体育场外的永久性纪念设施。

与大众认知相反的是，这个图标中的五种色彩并不是为了对应每片大陆；取而代之的是，当被放置在白色背景上时，它们代表了最早的所有赛事参与国国旗的颜色。

讽刺的是，1916 年奥运会本应该是顾拜旦所设计的这一象征着国际团结的图标第一次辉煌亮相的时候，但这一年的赛事却因为第一次世界大战的爆发而被取消。然而，奥运会会旗最终于 1920 年在安特卫普飘扬起来，尽管这一次，有四个创始国——德国、奥地利、保加利亚、匈牙利——因为遭到协约国的反对，而被禁止出席。后来的奥运会中也见证了这些国家之间所存在的政治争议，但五环图标直至今日仍是世界上最著名的体育标志，公开提醒着人们——尽管存在争议和冲突——这个标志的设计者希望它所体现的团结一致的精神。

奥运会象形图标

随着越来越多的国家介入奥林匹克运动，参与到赛事中来，后勤的规模开始给组织者带来新的障碍。最显著的问题集中在，世界上绝大多数国家齐聚一堂，不可避免产生的语言障碍。语言问题不仅仅局限在个人交流层面，还出现在有关赛事的沟通中；任何特定的运动项目可能都有几十种不同拼写和文字所构成的名称。该问题的巧妙解决方法，就是开发出一套让每个人都能理解的视觉语言。

现在人们熟悉的奥林匹克运动项目的象形图标，与五环和熊熊燃烧的火炬一样，都是奥运会象征的一部分。它们最初是为 1948 年伦敦奥运会设计的，但现代奥运标志要主要归功于 1964 年东京奥运会幕后的平面设计师。

　　1964年奥运会的组织者面临一个特别棘手的障碍——请原谅这里用了双关语[1]——这是他们第一次准备承办全球性的盛事，因为日本传统视觉语言和图像都被认为太难理解，无法转换到其他语言文化，尤其是日本当时并未采纳世界通用的提案，例如1949年日内瓦协定中的路标和标识倡议。为了解决这一问题，由胜见胜（Masaru Katsumi）领导的平面设计团队被赋予一项任务，即创作一套能为全世界理解的容易辨识的符号。

　　胜见及其团队从维也纳社会经济博物馆收藏的奥图·纽拉特（Otto Neurath）和戈尔德·阿恩茨（Gerd Arntz）的先锋作品中吸取灵感。纽拉特是一位著名的政治科学家和哲学家，他与一个视觉艺术家团队，在二十世纪二十年代末至三十年代初期，开发出一种被称作ISOTYPE[2]的图像语言。该语言的设

1　原文障碍（hurdle）一词用了双关语，该词还有跨栏的意思。
2　国际文字图像教育系统（International System Of Typographic Picture Education）的缩写。

计原则是，要创造一种能够用图像的形式，反映社会、技术、生物和历史信息与联系的视觉语言。戈尔德·阿恩茨是一位木版画艺术家和插图画家，是ISOTYPE的主要设计师，他简约的几何式象形图对于平面设计的发展产生了持久的影响。日本设计师将阿恩茨的象形图设计标准运用到他们为1964年东京奥运会所进行的设计工作之中，提出一套简明而又统一的设计框架，它不仅仅展示了现代的、易于理解的日本，还给后来的奥运会组织者树立了一个质量与创新的基准。

在1968年的墨西哥城奥运会中，这套象形图在美国设计师兰斯·威曼（Lance Wyman）手中得到进一步发展，他采纳了胜见及其团队所创作的基本象形图系统，加入了墨西哥民间艺术的元素和六十年代波普艺术的火花。

"胜见的图标与我们的有很大区别，"他后来在《史密森学会》杂志的一篇访谈中回忆称，"东京的运动图标采用的是粗体线条画同整个人像相结合。而我们的图标则注重富有表现力的细节，运动员身体的一个部分，或是一件器具，创作出的图像类似于在西班牙人统治美洲之前的墨西哥文明中的雕纹。我们非常依赖运动图标，希望它们能成为跨越文化和语言藩篱的沟通工具。"

兰斯·威曼为墨西哥城奥运会设计的象形图和标志被认为是现代平面设计的杰作，而且他们也为后来的平面设计师铺平了道路，他们都设计了反映主办城市历史和文化的象形图标：例如奥托·埃舍尔（Olt Aicher）为1972年的慕尼黑奥运会所设计的图标，画在一块由水平和对角的线条所构成的特制的数学模型上，这个符号象征着德国的几何效率和现代主义；而2000年悉尼奥运会中所使用的图标，将土著民俗艺术的流动性和色彩，融入了他们的设计。

微笑符

从公关噱头，到成为现代沟通中的多面表情符号，这张黄色笑脸的发展历程，就像是一段包含了大企业、流行文化、反政府思潮的故事，从二十世纪六十年代一直发展到九十年代，其中也涉及了一系列版权纠纷。

有一种说法是，"微笑符"（the smiley）起源于马萨诸塞州的伍斯特市。伍斯特是新英格兰人口第二多的城市，唯一出名的就是这里生产的活动扳手和麦丝卷（Shredded Wheat）早餐麦片。1963年，自由广告创意者哈维·鲍尔接到一个任务，为伍斯特互助保险公司设计一个商标。鲍尔的雇主担心，最近与对手保险公司的合并，对员工的士气产生了负面影响，而这种形势导致了公司顾客的流失。传说称，鲍尔抓起一支黑色签字笔，在一张黄色的纸上画了一张简单的笑脸，以此来诠释公司的新理念——"微笑服务"。所有人都很喜欢这个标志。

伍斯特互助保险公司一开始只做了一千枚纽扣徽章，给雇员佩戴并分发给客户。结果这个活动非常成功，以至于他们很快又订购了一万枚徽章。遗憾的是，该公司没能认识到这个新商标的商业潜力，没有为其申请专利。据称，鲍尔本人因为这份工作拿到了45美元的一次性报酬，他后来公开表示，当时他对这笔钱非常满意。

图中展示的是微笑符出现在1999年美国邮票上的情景，该符号自从1963年问世以来，一直是版权争议的重点对象。

由于这张与众不同的黄色笑脸没有版权保护，又显然引起了公众的共鸣，不可避免地，有人注意到了这张笑脸的商业潜力。主要活跃在费城的斯派因兄弟伯纳德和穆雷拥有一家小型零售公司，旗下包括几家礼品店，出售诸如钥匙圈、汽车保险杠贴纸和 T 恤衫一类的新奇玩意。在二十世纪七十年代初，兄弟二人开始生产纽扣徽章，很大程度上是希望利用反越战和平运动的浪潮，却歪打正着，意外发现了利润丰厚的商机。当时他们的徽章销售数量很惊人，斯派因兄弟就把这张图和"祝你开心整天"的标语一同申请了版权，并将业务扩展到一系列与微笑符相关的商品。到 1973 年时，兄弟二人售卖新奇玩意的小礼品店已变成一家价值数百万美元的大企业，从午餐盒到四角短裤，各种商品上都印着微笑符。

　　越战结束后，微笑符已成为了一个无所不在的图标，因此也开始出现关于版权的争议之声。在法国，一位名叫富兰克林·鲁夫拉尼的记者兼编辑在《法国晚报》上采用微笑符引导读者阅读每期的"开心时刻"。鲁夫拉尼一直称，早在哈维·鲍尔创作出这一图案前，它就已经存在于公共领域，在英格玛·伯格曼[1]（Ingmar Bergman）

1　1918—2007，瑞典导演、编剧、制作人。

1948 年的电影《港口的呼唤》(*Port of Call*) 中就出现过这个图案；在二十世纪五十年代末和六十年代初，纽约摇滚电台 WMCA 也用它做过宣传。不过，鲁夫拉尼关于微笑符属于公共财产的主张更可能是伪造的，他声称在尼姆[1]的一个新石器时代的洞穴里发现了一张小小的笑脸。

1988 年，鲁夫拉尼和儿子尼古拉斯将微笑符注册为商标，成立了 Smiley 公司，现在该公司拥有微笑符在全球一百多个国家的特许使用权，并控制着该图标的商业用途。不过关于这个设计起源的争端仍未解决。哈维·鲍尔毫无疑问是最早将图案用于纽扣徽章上的人，他的设计也很符合要求，不过他有可能之前就在哪里看见过这个图像。2005年，美国零售业巨头沃尔玛想获得图像版权，利用微笑符的流行热潮，结果却卷入了一场与 Smiley 公司旷日持久的法律纠纷，最后沃尔玛被迫放弃使用微笑符。

长期以来，微笑符一直同流行文化有着多样的联系，不过到了二十一世纪，它在表情符号的使用中最为普遍。最早的以字体为基础的表情符号 :-) 是宾夕法尼亚州卡耐基·梅隆大学的计算机科学家斯科特·法尔曼 (Scott Fahlman) 所发明的。1982 年，法尔曼在为他的学生建立留

---

1 Nîmes, 法国南部城市。

言板的时候，提议应该用这个侧向的笑脸标记内容轻松愉快的帖文。随着互联网使用的迅速发展，侧向的笑脸成为电子邮件、聊天室和公告板中的标准符号，还发展出其他许多变体来表达更为复杂的情绪。1997年，尼古拉斯·鲁夫拉尼尝试制作动态的笑脸，并编撰了一部在线表情符号词典，其中包含了超过两千个条目。

手机和其他手持设备的发展带动了微笑表情符号的流行，它们为人类所有的表情和情绪都提供了速记符号。在不到五十年的时间里，微笑符就已凭借自己的力量，从一个简单的公关噱头发展成一种视觉语言。

流行文化中的微笑符

斯派因兄弟一开始采用微笑符商标，是想利用伍德斯托克时代的嬉皮文化和反战示威活动大赚一笔，因此微笑符一直与反体制情绪联系在一起。

1979年，拼贴艺术家鲍勃·拉斯特（Bob Last）和布鲁斯·施莱辛格（Bruce Slesinger）用微笑符取代了卐字纹，用在朋克乐队"死亡的肯尼迪家族"（Dead

Kennedys）的唱片《加利福尼亚高于一切》（*California Über Alles*）封面上。这幅封面图片描绘了加利福尼亚州长杰里·布朗在一个右翼政治集会中致意的场景，而讲台背后悬挂的纳粹旗帜上却画着微笑符。

1988年，在英国所谓的"第二次爱之夏"嬉皮士集会中，微笑符成为迷幻浩室[1]音乐热潮的徽章。DJ丹尼·拉普林（Danny Rampling）在夜店 Shoom 的宣传单上使用了这个标志，几个月内，微笑符就成了无所不在的新青年运动的标志，出现在T恤衫和唱片封套上。九十年代初摇滚乐队涅槃乐队（Nirvana）对微笑符加以改良，为那张特色的黄色笑脸画上十字形的眼睛，和淌着口水的嘴巴，用于他们唱片的营销计划。

微笑符也出现在漫画书中，最著名的要数艾伦·摩尔[2]（Alan Moore）的创意漫画小说《守望者》（*Watchmen*）（1987），沾有血污的微笑符是其中反复

1　一种以疯克乐（Funk）为主调的电子舞曲，其催眠性的曲风常与嬉皮士文化和迷幻药联系在一起。
2　英国漫画作家，著有《守望者》《V字仇杀队》《天降奇兵》等。

出现的一个主题。尽管在七十年代，它也被用来装饰《MAD》杂志封面，也曾化身一位头戴面具、名叫微笑王（Boss Smiley）的危险黑帮出现在DC公司的漫画《总统》之中。

1994年，罗伯特·泽米吉斯的电影《阿甘正传》中的一个片段，用幽默的方式展现了微笑符的创作过程。在一个场景中，主人公阿甘脸上被溅了泥点，一位好心人递给他一件黄色T恤衫让他擦拭。当阿甘将T恤衫归还之后，他擦拭脸庞留下的印记刚好形成了笑脸。

⚡⚡ ☘ ☠ ☮ # ♥ ☯ & ★

第三部分

符号的价值
——从货币到保险

当一个统治阶级在衡量其财富时，不再使用地亩和金锭，而是用数字金额象征性地对应一定数量的交易，这就迫使他们以自己的经验和世界为中心，设下了一个骗局。一个建立在符号基础上的社会，其本质上是一个非现实的社会，在这个社会里，人类的肉身被视作虚拟物品。

——阿尔贝·加缪（Albert Camus）

到底是哪个古代文明"发明"了货币，历史学家就这一问题展开了激烈的争论。早期希腊和罗马钱币的存在表明，货币系统的出现最少可追溯到公元前七世纪，但毋庸置疑的是，物物交换的文化在各社会和文明中流行更早，即便是在拥有经济价值的物品产生很久之后，依然广泛用于交易之中。

每个钱币都是用黄金和白银这两种稀有金属铸造的，这两种物质拥有永恒的魅力，因此在人类社会中具有象征意义和经济价值。如果说最早运转的金融体系是大家通常所认为的古希腊人发明的，那么他们自然也是最早试图通过颁布专利和版权来证明思想所有权的社会。或许阿尔贝·加缪的论断是正确的，他认为一个建立在符号、价值标志、所有权和交换基础上的社会的诞生，取代了更加自然的互助公平主义原则。听起来较为晦涩的火灾保险标志的应用，在本章中也有展现，这是一个非常可信的相关事例，判断是否要进入一座着火的建筑，并不取决于潜在的风险或危险，而是门框上张贴的符号类型。

货币符号

英镑

如果你曾经想过，表示英镑的符号看起来就像中间多了一条横线的花体 L，那么你想得很对，事实的确如此。

英镑的起源可追溯到八世纪末，当时梅西亚的奥法国王以同时代欧洲大陆的查理曼大帝的例子为基础，引入了一

这张 1967 年的苏格兰纸币表明，英镑的符号最初是代表"libra"的大写字母 L。

套货币体系。在奥法的新系统之下，和查理曼的规定一样，240个银制便士重一磅，该单位在查理曼帝国的拉丁文中被叫作"libra"——由此我们也引申出用来表示磅的重量单位"lb"。当磅成为货币单位后，"libra"一词中的字母 L 就被用来作为其符号。英镑符号上横贯的一根或两根横条代表着，L 在这里被用作符号，正如日元符号 Y 上的做法一样（￥）。

欧元

作为世界上最新和最大的货币，欧元的符号看起来非常直接，也相当无趣，不过其设计过程却十分神秘，和新任教皇的选举不相上下。从最初的三十个设计中筛选出十个，最后选了两个由欧盟委员会定夺，他们拒绝透露任何落选的设计。

该标志的设计理念基本以之前为设想中的欧洲货币单

位所选定的符号为基础，简单地将字母 C 和 E 缠结在一起（€），不过欧盟委员会在 1996 年揭幕这一符号时，却声称有更加天马行空的灵感来源："€这个符号的灵感源自于希腊字母表中的第五个字母（ϵ）——意味着欧洲文明的摇篮——以及欧洲（Europe）一词的首字母，横贯的两根平行线'证明'欧元的稳定性。"

鉴于过去这些年里该货币的惨况，欧盟委员会可能需要重新考虑两条平行线的设计。

美元

"美元"一词源于十六世纪时在如今的捷克共和国境内的约阿希姆斯塔尔镇铸造的银币。这种硬币起初被叫作约阿希姆斯塔尔（Joachimsthaler），或简称泰勒（thaler），因为该词逐渐进入其他欧洲语言，"泰勒"一词演变为"taler"，最后变成了"dollar"。用"dollar"一词指代银币的用法，可在莎士比亚的作品中找到证据，其中最著名的一处在《麦克白》中（洛斯：我们责令他［指挪威国王］在圣戈姆小岛上缴纳一万块钱［dollar］充入我们的国库，否则不让他把战死的将士埋葬。——第一幕第二场）——不过这可能是诗人无意间犯下的一个时代错误，因为《麦克白》故事的发生年代被设定在泰勒或 dollar 出现的几个世纪之前。美元符号的出现要晚一些，不过其来源至今仍不清晰，引发了多种不同说法。

一个在美国爱国人士中尤为流行（虽然证据薄弱）的说法是，带有两根垂直线条的美元符号，起源于合众国（United States）一词的首字母。如果将大写的字母 U 叠放在大写的 S 之上，让 U 下面的部分同 S 下端的弧线重合，那么得到的就是带有两根竖线的美元符号。然而，这种说法的合理性存在着一些争议，不过倾向于共和党一派的美国作家艾茵·兰德（Ayn Rand）却在小说《阿特拉斯耸耸肩》（*Atlas Shrugged*）（1957）中，透过一个人物之口，对此表示了支持。

关于美元符号的起源更普遍为人所接受的一个观点是，它源自于西班牙的比索，这种货币随着征服者一同来到了新世界。"比索"（peso）一词最早被缩写成单数形式的大写字母 P，复数形式则在右上角加上小写字母 s，即 Ps 的形式。

随着岁月流逝，这种缩写被简化了，只剩下向上一笔勾画的字母P，以及画在上面的s，最终变成了只有一根竖线的美元符号。

虽然这种解释的接受人数最多，但它最失败的一点在于，其实未能说明两根竖线的美元符号存在的原因。有一种说法倒是解释了这种反常，称西班牙比索——或称海盗的"八枚钱"——上铭刻有两根海格力斯之柱，该图案后来启迪了两根竖线的符号设计。据说这些银币是在西班牙位于玻利维亚波托西殖民地的铸币厂铸造的，带有相互叠加的PTSI字母，以表示制造地；其结果就是，这些合起来的字母和现代只有一条竖线的美元符号很像。

和比索相关的另一种说法涉及"八枚钱"这个口语词汇，之所以叫这个名字，是因为一个比索的价值等于八枚被称为里亚尔的较小的银币。比索于是被用P8来代表，或是在数字8上划两根竖线，随着时间的推移，简单地在数字8上划竖线的方式变得流行起来。

$ 和奴隶

关于美元符号的起源，还有一个更邪恶的推测，它可能源自于西班牙语中表示"奴隶"和"钉子"的词汇。在转运和囚禁时用来禁锢奴隶的铁镣铐是由钉子锁铐的，那些铁钉穿过链条上的铁环，然后弯折成圈。西班牙语中"奴隶"一词是 esclavo，"钉子"则是与之非常相近的 clavo。这种说法认为，$ 是"S-clavo"一词的简记符号——S 指 slave（奴隶）或 esclavo，竖线表示用来锁囚犯的铁钉——被奴隶贸易者用来代表拥有的奴隶数量。

虽然这个残忍又精彩的推测看似合理，不过在关于奴隶贸易的记录里并未发现能证实这种说法的证据。

数学符号

圆周率

我们都对数学里用来表示相对价值的那些符号很熟悉，但是很少有人知道它们真正的含义。

圆周率是指一个圆形的周长同其直径的比值，是一个以 3.14 开头的永无休止且不会重复的数字，符号为等同于 p 的希腊字母 π。可是字母 p 是怎么同这一切扯上关系的呢？最早在论述圆周的时候用到 π 的，似乎可追溯到 1706 年，威尔士数学家威廉·琼斯（William Jones）在一本书里将这一符号用作"periphery"（圆周）的缩写符号——尽管威廉·奥特瑞德（William Oughtred）更早地使用了它，也用来代表"圆周"，不过是在不同的数学语境中。其余数学家则继续使用非希腊字母的 p，或者干脆不用缩写，直至 1748 年，威望甚高的莱昂哈德·欧拉[1]（Leonhard Euler）规定 π 应该成为标准化用法。"为简便着想，我们就把这个数字记作 π，"他在《无穷小分析引论》（*Introductio in analysin infinitorum*）中写道，"因此 π 就等于半径为 1 的圆的半周长。"

百分比

第一眼看去，百分号仿佛代表的是两个均值的数字——但讽刺的是，它实际指的是一个数值比另一个数值小的程度。为什么百分号里有两个零呢（在手写体中为两个点）？直至十四世纪，该符号才为商人、会计以及数学家所熟悉，用来代表一定数量的 per cento，即意大利语的"（每）一百中所占的比值"。为了省时，这个概念经常被写

1　瑞士数学家、自然科学家，18 世纪数学界最杰出的人物之一。

成"per 100"，或"p 100"，并在 p 的竖线上画一条线，表示是简写。在十五世纪初期，有证据表明人们会使用 pc 这个缩写词，外加一条横线，并将 cento 中的 o 标记在上方，类似于这种写法：pc-°。在接下来的两个世纪，这种缩写法消失，多了一个 o 写在横线之下，就演变成我们今天的写法。

#号

常见符号在大量不同背景下，意思发生变化，这种现象并非罕见，但很少符号有像#号这么多的用法。该符号的历史渊源不仅不明确，而且还互相矛盾，甚至就连其"官方"名称都很混乱。有大量的名称都可用来指代它，其中最常用的包括"英磅符号""数字符号""磅""八角帽""话题标签"——这个名称要拜赐于 Twitter，还有许多与电脑编程相关的称呼。

在通信和电脑技术飞速进展之前，该符号一般被用来代指数字或重量单位（因此被用来替代"磅"），例如：3＃apples（3磅苹果），2＃tomatoes（2磅番茄）。在美国报纸上，赛马结果在印刷中会使用＃表示比赛名次，例如：#1海洋饼干，#2战徽，等等。《牛津英语词典》认为它被用来作为"磅的单位符号"最早是因为二十世纪二十年代流行的印刷手册（typewriting manuals）。一个可能的解释是，它是磅重更为正式的缩写词"lb"的简写形式，而"lb"是拉丁文中罗马重量单位的标准简写形式，这样可能也就解释了为什么＃有时会被叫作"libra"。

＃代指重量或数字顺序这些用法的减少，与按键式电话的发明发生在同一时期，即二十世纪六十年代末期。正是在这个时候，该符号被贝尔实验室的唐·麦克弗森（Don Macpherson）重新命名为八角帽，当时他被委派前往明尼苏达州培训诊所职员，教他们使用一种以创新性按键指令为基础的新型电话交换系统，其中就包括"数字符号#"。麦克弗森认为，在培训过程中需要有个名字来代表该符号，于是就想到了"八角帽"（octothorpe）这个词——用"octo"当前缀可能是因为该符号有八个角。而把"thorpe"作为后缀被认为是麦克弗森开的内部玩笑 [1]，他非同寻常的幽默感在贝尔实验室是出了名的。他在业余时间参加了一个活动，目标是恢复美国运动员詹姆斯·弗朗西斯·"吉姆"·索普在1912年奥运会中获得的金牌。

"八角帽"这个术语随后被写进贝尔实验室的培训手册，以及其他公司的文档，因此最终成为了电话拨号盘上这一按键的正式认可名称。技术开发见证了它成为标准指令，不仅仅是对于内部电话网络，对于商业公司出于多种目的所采用的自动应答系统也是一样，具体目的包括电话银行转账、客户服务投诉等。

信息技术的发展为 # 增添了额外的用途，尤其是在UNIX 操作系统，以及 Perl 和 C++ 编程语言中，在其中，它能实现大量的功能和指令。互联网的迅速发展为该符号进一步拓宽了维度，其用途远远脱离了最早的重量或数字指示功能。举例来说，在 Twitter 和其他社交网络上，这个符号可用作元数据标签的一部分，聚集带有同一个主题的信息，也可以引导一条轻松的评论或情绪。

1　in-joke, 圈内人才能领会的玩笑。

你从未听说的最伟大的运动员

　　有许多顶级运动员擅长的领域都不止一种，但是美国运动员吉姆·索普所取得的非凡成就，依然无出其右。

　　1888年，詹姆斯·弗朗西斯·索普出生于俄克拉荷马州的印第安保留区，在萨克和福克斯印第安部落长大。他早年生活十分悲惨，母亲和孪生兄弟均因肺炎而突然病逝，辍学后他浪迹多年，先是做了农场工，后来入读卡莱尔印第安人工业学校。就是在那里，索普那超乎常人的运动天赋得到了传奇运动教练波普·华纳的关注。

　　索普一开始擅长的是田径项目，之后说服华纳允许他也加入美式橄榄球队。超强的力量和速度让索普成为一名非凡的跑卫，很大程度上也是因为他，卡莱尔以18:15的成绩击败哈佛大学，赢得1912年全国大学锦标赛的冠军，在那场赛事中，索普球队的所有得分都是由他拿下的。

　　华纳鼓励索普参加美国奥运会队伍的选拔赛，

凭借着全面的能力在竞选中取得亮眼成绩后，他参加了1912年在斯德哥尔摩举办的奥运会，并进入五项全能和十项全能两项赛事。索普接着成了竞赛明星，两项赛事都拿下金牌，并以微弱的优势获得跳远和跳高项目的奖牌。据称，闭幕式颁奖时，瑞典国王古斯塔夫五世称索普为"世界最伟大的运动员"。

回到美国后，虽然索普成了民族英雄，但他明显的运动优势，却引来媒体里右翼势力的关注，他们不满于索普的美洲土著出身。在奥运会的第二年，有一系列的报纸文章对他发起攻击，称他违反了"仅限业余选手"的奥运会准则。而索普在此前只短暂地打过棒球职业次级联盟比赛，主要目的是在大学暑假期间挣点钱，完全没有意识到自己违反了任何规则。然而，根据美国运动员联盟的要求，国际奥委会剥夺了他的奖牌。

索普接下来作为职业运动员的职业生涯依旧很成功，他为纽约巨人队和波士顿勇士队打过职业棒球联赛，为克利夫兰印第安人队打过美式橄榄球赛。

他甚至还抽出时间，参加了半职业表演赛的一场全是印第安成员参与的篮球赛。

1953年，索普于六十四岁时去世。但在六十年代初，艾森豪威尔总统——他曾在大学足球赛中与索普对打——在一次演讲中赞扬他为"美国有史以来最伟大运动员"后，他的职业生涯，尤其是受到运动界权威苛刻对待的经历再度引起人们的兴趣。这样就引发了一场要求归还1912年奥运会金牌的态度坚定的运动，期间贝尔实验室的主管唐·麦克弗森用他为不起眼的标签符号所取的新名字，向这位伟大的运动员表达了敬意。最终，在1983年，索普逝世三十年后，国际奥委会推翻了最初的决定，于一次特别仪式上，将两枚复制的奖牌交给了索普的孩子。

代表所有权的符号

版权

世界版权标志最早是在 1909 年由美国国会通过版权法案介绍问世的。之前所使用的可追溯到 1790 年的版权物条款，被认为不足以处理现代印刷和复制方法的问题。西奥多·罗斯福总统在 1905 年向议会发表的一次讲话中建议全面修订版权法，称之前的法律"让法庭难以解读，版权局无法执行"。该法案的起草是在国会图书馆馆长赫伯特·普特南（Herbert Putnam）的领导下进行的，他向出版者和艺术家组织进行了咨询。

事实证明，法案细节上的一大障碍在于，要求艺术作品呈现一条通知，陈述已获取版权，因此受联邦法律保护。印刷出版物中早就包括了"受版权保护"（copyrighted）或缩写的"copr"字样，而现在人们认为美术作品也需要纳入保护之中。艺术家团队反对在画作上艺术家的签名下写上"版权"的字样，因此便达成妥协，由一个框在圆圈中的字母 C 组成的简单符号作为代替。起初只有美术作品，例如油画和插图才允许使用该符号，后来修订的法案允许将其作为一种举世公认的符号用于印刷品。

商标

商标或标志的使用可以追溯到罗马帝国，为罗马军队铸剑的铁匠经常在武器的把柄上题刻首字母或符号来标识铸造者。

根据法律规定，使用贵重金属造物的欧洲工匠必须给自己制作的器物打上印记，以表示所使用的原材料的纯度符合标准。"印记"（hallmark）一词源于 1327 年爱德华三世国王授予一个金属器工人行会的一份特许执照，该行会以值得尊敬的金匠公司（Worshipful Company of Goldsmiths）

而闻名，总部位于伦敦的金匠大厅。证明该行会制作的某样物品满足 92.5% 纯度的标准纯银要求的标志，是一只豹头，该图案据称是受皇室纹章启发而设计的。此后其他行会在英国各地纷纷涌现，接着扩散到欧洲大陆，每个行会都采用一个与众不同的符号或纹章，来代表制作产品的原材料，以及高超技艺质量的官方标志。

十八、十九世纪批量生产技术出现，随着工业革命的发展，其余工匠和贸易商开始寻找方法，想让自己的产品变得独具特色，系出名门，质量可见。大型公司和全球化程度越来越高的公司使用商标的做法，不可避免地引发了人们对假冒产品和商品的担忧。英国于 1862 年通过立法，保护"商标"不被冒用，1875 年商标法进一步拓宽了保护范围，其中允许公司通过专利局对商标进行注册。

根据一般规则，注册商标用 ® 符号表示，未注册的则用 ™ 符号表示。

符号系统中的金和银

黄金因为相对稀有的数量，以及几乎被全世界所认可的价值，通常被用来传达积极的象征性含义。我们用金牌奖励运动员和取得优异成绩的人，那些奖牌不仅仅具有真实的价值，同时也被赋予了伟大的含义。确实，即便是在非常肤浅的语境中，"金"这个前缀也代表着优越性。举个例子，"金蛋"——据称是维多利亚·贝克汉姆（Victoria Beckham）为她的丈夫大卫所取的昵称。因此我们用黄金法则来对待他人，为宝贵的顾客发放金卡，或是为自然界的定理，例如黄金比例赋予准宗教的含义。

作为一种颜色，金色与太阳、神明和一切皇室的概念联系在一起。因此作为成功、幸福、友情和欣喜的象征，金色可能是唯一一种没有负面含义的颜色，除了会联想到庸俗——"珠光宝气"——和不必要的奢侈。米达斯国王拥有点石成金的能力，我们今天仍会借用这种说法来描述某个掌握了"诀窍"的人——尽管这种说法经常带有一定程度的嫉妒，似乎是在暗示一笔不完全应得的巨额财富。在讲述米达斯国王的故事时，我们很容易忽略这样一个事实，即他的好运只持续到他饿了，或是拥抱了他的一个孩子时，具体情况要取决于你阅读的版本。他得到许可，在帕克托罗斯河洗掉自己的能力，由此也就解释了，即使拥有无数黄金，他依然无法幸免于难，后来因为不赞同太阳神阿波罗的音乐能力而受罚，承受耳朵被变成驴耳的屈辱。类似的还有阿尔戈英雄伊阿宋的神话，他确实找到了宝贵的金羊毛，最后却成为了可怜的酒鬼，在烂醉昏睡时被阿尔戈号腐烂的船尾砸中而死。

在元素周期表中，金的符号是 Au，不过这并不能算是一个符号，更多的是一种文字描述，依据化学惯例，采用的是其拉丁名 aurum。而继续追究的话，aurum 的意思是"照耀下来"或"闪耀的黎明"，与太阳相关。太阳与黄金之间的象征性联系在许多古代文明中都很普遍，最著名的要数十五世纪和十六世纪初在南美洲盛极一时的伟大的印加帝国。印加人崇拜太阳，他们广泛开采大量的黄金，再辅之以相当精湛的金属加工工艺，因此能用这些稀有金属装饰宫殿和庙宇。黄金耀眼和反光的属性让印加人着迷，他们的精神信仰体系就围绕着太阳和月亮而建；与他们而言，黄金是太阳的汗水，而白银（他们也会开采）则是月亮的泪水。然而，可悲的是，当西班牙征服者来到新大陆寻找财富时，正是他们最崇拜的东西——黄金，导致了他们的帝国和文明的灭亡。

在与黄金的永恒对比和联系之中，白银一直处于劣势。它在象征意义上和黄金具有同样的功能，只是程度有所不同。在现代文化中，白银有一种"次于最好"的意味，为排名第二的运动员颁发银牌就是例证；据说多年来许多银

自无法追忆的远古时代以来，黄金对于人类来说，就是社会地位的象征，在伊阿宋和阿尔戈英雄的传说中，人们冒着生命危险也要得到金羊毛。

牌最后都被扔进了垃圾桶、河里以及奥运场馆的各个地方，对这些不满的参赛者来说，赠送的银牌没有其他含义，只能说明他们是"最好的失败者"。

在民间传说中，白银经常与毒药和死亡联系在一起，尤其是在吸血鬼传说中——白银十字架能击退吸血的恶魔，银子弹能摧毁狼人等说法——正因为这种令人毛骨悚然的主题一再重复，白银的象征意味远远超过了黄金。因为黄金与太阳相联系，所以白银就被与月亮联系起来——因此也同夜晚、神秘和魔法联系起来。黄金有无节制、无度之意，不过圣经中犹大接纳"三十块银币"的故事也进入了现代语汇，用于描述某人为了眼前的回报而放弃对他来说最重要的事物，最终发现这种回报是微不足道的；或用于形容因自私而背信弃义的人。

猫王和列勃拉斯，爱金无度

长期以来，黄金一直与神灵、皇室和统治者联系在一起，他们中的许多人通过象征性地占有黄金，将自己的地位合法化。因此，当自封"摇滚之王"的埃维斯·普雷斯利以及同时代钢琴演奏家列勃拉斯，都对所有镀金和含金的东西表现出不可遏制的渴望，也就不足为奇了。

在猫王的许多与黄金有关的财产之中，最著名的要数他的标志性金西装。他的第一套金西装由好莱坞裁缝纽迪·科恩（Nudie Cohn）于1957年设计。面料采用的是金银线织物，这是一种以便宜的上好柔韧合金丝带编织而成的织物。猫王坚持要在西装的织造中使用真正的金叶子组成的条带，大约估值为一万美元（合今天的十万美元）。除了金西装，以及大量天文数字般昂贵的稀有手表——当然全部以不同纯度的黄金打造——之外，猫王还拥有一辆特别定制的1965年产的凯迪拉克埃尔多拉多轿车，其中包括大量黄金部件（方向盘、保险杠等），并且手工涂抹了超过四十层的金粉漆。

世界上似乎没有什么黄金制品是猫王得不到的，除了一个小小的金徽章，这件物品他垂涎已久，却是花钱买不到的。1970年12月21日，他去白宫见了理查德·尼克松总统。三天前，猫王曾给尼克松寄了一封信，表达了他对总统的支持与钦佩，并表示愿意在反对毒品文化和共产主义思想教化的斗争中提供帮助（尽管这有点讽刺）。他请求能获得机会，作为一名"联邦特工"为国家服务。而事实上，猫王的真正目的是想得到那枚美国特工标配的著名的金星徽章。

说到黄金，二十世纪五六十年代的另一位伟大表演者列勃拉斯的奢华无度也毫不逊色。列勃拉斯热爱黄金，拥有特别打造的带有金键的钢琴、一辆镀金的布拉德利GT跑车、无数金制戏服，而最惊人的是，他有一个镀金的马桶，马桶座上镶嵌着18克拉的金币。

火灾保险标志

1666 年 9 月 2 日清晨，伦敦一家由托马斯·法里纳所有的小烘焙坊起火。大火在强风的助力之下，迅速蔓延到整个城市，摧毁了超过 13 000 座房屋和许多重要的公共建筑，包括原本的圣保罗大教堂。这场名为伦敦大火的灾难虽然有许多导致因素，诸如干燥木板搭建的房屋几乎是一间摞一间搭建，相关部门没能及时采取措施控制火势，但当时并没有高组织程度的团体经受过灭火训练，而且可提供的供水和灭火设施完全不足以阻止此等蔓延程度的火势。

惨祸发生后，各种法案被落实到位，帮助阻止此类破坏再度发生。政府起草了建筑管理规定，同时控制建筑物的建设，以及之间道路的宽度，还设计了改善灭火设施和供水的系统。大火还导致房东和租户之间争议数量上涨，他们开始争论谁该对房产的损失负责，谁应该赔偿他们的损失，谁应该支付重建费用。查理二世成立了一个特别火灾法庭，以处理各种索赔和反诉要求，该机构运营了整整五年，从1667年存在至1672年。法庭最重要的建议之一是，房产应该有火灾损失保险。

到1680年时，伦敦已建立起第一家火灾保险公司，即火险公司。与现代保险机构不同的是，房屋所有人不是为他们的房产投保一定价值的保险，以避免火灾可能造成的损害，而是付钱购买一张保险单，以保证在火灾发生时，会尽一切可能的尝试挽救他们的房产和财物不受损坏。火险公司实质上就是一支私人消防队，只向愿意为这项服务付款的人提供保护。

火险公司的成功引得更多火灾保险公司纷纷建立，其中最著名的是友爱社（1683）和联合社（1696），每家公司都有自己的消防队。通常一个公司的消防队会雇佣八至三十位消防员，大多都是专责属性，每参加一次救火拿一次薪水，不过队长一般是有固定薪水的。

因为火灾保险公司数目的增加，分辨某座房产是由哪家公司保护的，就变得很有必要了。这就引出了在建筑外面放置"火险标志"——铜或铅做的匾额——的做法，通常是放在门框之上，那样从街上就很容易看见。每家公司都有自己独有的牌匾，其中包括公司的徽章或纹章，一种盾徽或顶饰，以及一个与房主所接受的保险政策类型和范围相关的参考编号。

　　这看似是一个足够直接的方法，但是火灾保险公司之间所展开的业务竞争很快便导致了混乱，使得消防队分不清在由对手公司所负责保护的房屋中救火时，自己应付多少必需责任。这种情况并不少见，举例来说，如果一支消防队被叫到某座起火的房屋，却发现那里是由另一家公司所保护的，因此便拒绝救火，因为担心拿不到酬劳。如果保险政策已失效，或是房主拖延保险款，那么保险公司会取走火灾保险标志，这也是惯例。

这个火灾保险标志表明，位于南伦敦的这座房屋由 1696 年建立的联合社保险公司保护。

慢慢地，火灾保险公司的数目减少到只剩几家，本着合作精神，他们将各自的消防队资源总和起来，最后于1833年建立了伦敦消防队。然而，到十九世纪中期，运营和维护救火服务的花费和后勤服务已变得太过庞大，保险联合会无力负担，他们于是向议会进行游说，建议创建政府资助的救火服务设施，这项请求于1865年得到批准。

虽然在建筑上放置火灾保险标志的做法差不多算是消失了，但在英国年代较久远区域的建筑上依然可以看见许多匾额，在美国和澳大利亚某些地方也可发现，因为那些地方在十八和十九世纪也实施过类似的火灾保险方案。

第四部分

符号的意义
——从交通标志到影视娱乐

人生是一条充满各种路标的大路，

当你告别了年少轻狂的岁月，

别让你的思想复杂化。

   ——鲍勃·马利（Bob Marley）《醒过来生活》

符号最实用的用途在于那些指引和保护我们的标志的扩散，包括表明地点和距离的路标，以及提醒危险和危害的国际通用标志。从很小的时候起，我们就了解了与这些符号关联的色彩和形状，以及它们指引我们哪些行为是允许的，哪些行为是禁止或应该避免的。人们还依赖记号和代码生存，所以本章收录了流浪汉符号，一种几乎失落的符号语言，也记录了聋哑人手语的发展。

道路交通标志

交通标志是日常生活的组成部分。它们由简单的形状和色块构成，在我们脑海中印刻的程度如此之深，我们几乎会下意识地解读和遵守。今天的路标是由罗马时代的里程碑发展而来，当时的里程碑正如字面意思一样，就是在繁忙的公路沿路以一英里为间隔而设置的大柱子。在整个帝国，里程碑上所标注的信息根据地点的变化而有所不同，但应该都包括距离最近的城镇的名称和方向，还有到罗马的距离（毕竟"条条大路通罗马"）。这套路标体系在中世纪时有了扩展，增加了一些新地点和指示方向，不过许多罗马时代的里程碑至今仍能看见。

十九世纪后期，随着自行车使用量的增加，除了基本方向和距离之外，路面状况和坡道的陡度也成为了需要传达的重要信息。在十九世纪九十年代末期，意大利自行车旅行俱乐部是倡议路标标准化的核心成员之一，他们自己创作了非常详细的骑行地图。在十九和二十世纪之交，许多国际会议，其中最重要的是1908年在罗马召开的国际道路会议，建立了一套统一交通标志的基本标准，到二十世纪五十年代时，绝大多数——虽然不是全部——国家都已采用了几十个我们现在都已非常熟悉的标志。美国直至六十年代才默许这一做法，但至今仍在采用最多样化的路标形状，每个州都有一定的区别；其中最著名的路标是66号公路的盾形路标，这是一条4000公里的公路，在流行文化中具有重要地位，不过在八十年代时，被州际公路系统

66号公路及其标志已经在美国文化中根深蒂固，尽管这条公路在二十世纪八十年代已经被州际公路系统所取代。

取代了。

比起欧洲邻居，英国对自己的路标系统坚持的时间要长得多，直至无法再否认，那些混乱不一的标志大胆的设计风格和多样的形式，可能真的会闹出人命。全国各地不同的符号、颜色、形状和字体混杂在一起，这就意味着司机必须要仔细地辩认这些标志，而非在远处就能看懂，在政府斥巨资建设高速公路的时候，这种状况已经非常危险了。

必须要采取措施了，从1957年到1967年，平面设计师乔克·金尼尔（Jock Kinneir）和他的学生玛格丽特·凯尔弗特（Margaret Calvert）花费了十年时间来进行这项工作。他们设计出一个严格缜密的标牌系统，小心地将高效且优雅的字体、颜色、形状和符号结合在一起，这是英国最雄心勃勃的信息设计项目之一。该体系至今仍是其他国家现代路标设计的范本，现在仍在继续使用。

金尼尔和凯尔弗特所采用的标准顺应了欧洲协议，使用三角形标志警告司机，圆形提出要求，矩形传递信息。他们在高速公路上使用蓝底白字的标志，白色字母标识地名；干道上使用绿底黄字；二级道路上使用白底黑字。所有文字均以一种名叫交通标志体的富于曲线美的字体呈现，由金尼尔和凯尔弗特特别创作，以所有天气状况下都容易辨识为设计思想。此外它们还使用大写和小写的形式，将路标同司机在路上可能会遇见的其他广告和通知区分开来。

他们的设计与欧洲协议保持了一致，以实用的象形图取代了印刷文字，凯尔弗特将绝大多数标志画成了简单、易认的交通标志体。其中许多设计灵感源于她的生活。例如警告附近有农场动物的三角形标志上有一头牛，这是根据她亲戚家一头名为 Patience（意为耐心）的奶牛而创作的。她最著名的标志——学生过马路——是根据一个已有标志

这是玛格丽特·凯尔弗特设计的英国路标里最受欢迎的一个作品，它看上去不像"有施工人员"，更像"与雨伞搏斗的人"。

改编的，原来的标志是一个小男孩牵着一个小女孩的手引路；凯尔弗特希望"让它更有包容性，因为综合学校体系正在启动"，于是就调换了标志中孩子们的角色，让一个小女孩——以童年时代的她自己为基础描绘——引领一个更小的男孩。

凯尔弗特所创作的象形图中最具标志性的是表示"有施工人员"的那幅，这个标志之所以出名并不是因为它对正在驾驶的机动车司机帮助有多大，而是因为那是她为数不多的失败作品，看起来就像人们戏称的"与雨伞搏斗的人"。

伦敦地铁路线图

　　世界上很少有市政交通系统能像伦敦地铁那样具有标志性意义，尤其是在其独特的标志和图形设计运用方面。伦敦地铁路线图这一举世闻名的图像已为时尚服饰、现代艺术作品、棋类游戏、墙纸和浴帘等各种物品的设计提供了灵感。世界各地的快速运输系统都采用了伦敦地铁路线图的地形结构，使得人们俗称的"地铁图"（Tube Map）成为了一个经典的设计。

　　现在这个被称为伦敦地铁的交通网络，曾是由几家公司在十九世纪末建设和规划的一个松散的地下铁道网络，各公司之间竞争十分激烈，这就意味着，并没有多少动力将这一网络作为整体，做出一份统一的地图。早期的路线图就是在地理位置精确的城市地图上，标记出每座车站的位置。随着地铁的发展，每条路线增加的车站越来越多，路线图也变得越来越混乱和令人迷惑，尤其是在城市的中心区域。随着电气时代的到来，为乘客提供各条路线之间换乘的需求增加，各个公司开始在工程和地图等领域逐渐展开合作，最终于1933年合并，组成了伦敦运输局。

新公司需要有一个紧急的措施，来解决混乱的路线图，他们勉强考虑使用伦敦地铁信号办公室的工程绘图员哈利·贝克（Harry Beck）所设计的地形图。贝克意识到，对

哈利·贝克这一具有革命性的地铁路线图所收获的经济回报很少，不过他杰出的设计天赋在近年来得到了认可，图为1999年发行的"设计经典"邮票。

于大多数乘客来说，为每座车站提供精确的地理位置其实是不必要的，因为他们是在地下穿行，只需要知道从 A 点会前往 B 点就好。他于是重新绘制了地图，只采用不同颜色描绘的水平、竖直和呈四十五度角的直线。唯一的地形要素就是泰晤士河的大致轮廓，这样乘客就知道他们是在朝河的北岸或南岸走。

贝克将设计交给伦敦运输局主管弗兰克·皮克（Frank Pick），但一开始遭受了相当大的怀疑；皮克担忧的是，这份路线图没有给出站点之间距离的精确度量。皮克勉强同意试着印刷一些，然而，出乎意料的是，事实证明贝克的设计是正确的：这份新的路线图在旅客中立即取得巨大成功，他们将全部七十万份路线图抢购一空。

因为哈利·贝克创作路线图并不是官方任命的行为，他这么做很大程度上是出于对这份工作的热爱，因此他的这一革命性设计收到的物质报酬非常之少，据称只有十个基尼。贝克继续修订和更新他的设计，直至二十世纪六十年代，但后来与公司内部政治产生冲突，也很有可能是遭到其他同事的嫉妒。当新的车站和路线要修建，旧一点的车站要关闭时，公司任命了其他设计者对地图修订和更改，但是今日的伦敦地铁路线图，在结构和设计方面，点点滴滴都是哈利·贝克的独创思想结晶。

或许是为当初对待贝克的做法以及未承认他对公司的贡献感到羞愧，很多年后，伦敦运输局授予了贝克应得的地位。九十年代初，伦敦运输局博物馆将一个展厅以贝克的名字命名，将他最初绘制的草图和设计图作为永久展品，贝克在逝世二十年后，终于得到了迟来的敬意。

手 语

对于失聪人士使用的手语，一个最常见的误解是，它是一套普遍理解的通用手势系统。事实上，手语并没有世界通用的标准，虽然多年来一直在尝试建立。手语是独立发展的，每个国家都不同，某些相似的手势在不同的系统中代表着不同的含义。

最早的有记录可查的让一种手语正式为失聪人士使用的尝试，是十七世纪早期由一位西班牙牧师所发起的。当时西班牙显贵弗里亚斯公爵胡安·费尔南德斯·德贝拉斯科（Juan Fernández de Velasco）雇佣胡安·帕布洛·博尼特（Juan Pablo Bonet）为随从，并让他担任聋哑儿子路易斯的家庭教师。在那个时期，患有此类残疾的人都会受到蔑视，大部分都会被当作不可教导的傻子，但是这位开明的牧师却尝试着克服这种阻碍，通过开发一套对应字母表的手势系统，来教导路易斯掌握基本的读写技能——这是法律要求西班牙贵族家庭继承人必须具备的条件。

有关博尼特牧师的这套手语系统的消息，迅速传播开来，他很快便被要求教导西班牙贵族中的其他聋哑人士。他对自己的系统做了改进，并在 1620 年出版了《字母的缩减，以及教授哑者说话的技艺》(*Reducción de las letras y arte para enseñar a hablar a los mudos*)，这本手册里概括了自己的方法，用雕版画插图展示了不同的手势，以及它们对应的字母表中的字母。博尼特的书被认为是现代教育实践中常见的语音治疗的先驱。

博尼特的专著出版一个多世纪后，一位名叫查尔斯-迈克尔·德·勒佩 (Charles-Michel de l'Épée) 的教士兼慈善家重拾了他的理念。德·勒佩身为一名天主教神父，却将一生的大部分时间用来帮助巴黎贫苦人士。传说他在一次前往巴黎大贫窟中例行传教之时，遇见两位失聪的姐妹，观看她二人用手语有效沟通而着了迷。1760 年他在巴黎建立了世界上第一所针对失聪人士的免费学校，这座成功的机构后来成了影响深远的巴黎国家失聪青少年研究所，启发欧洲各地纷纷建立了类似的项目和附属学校。

虽然查尔斯-迈克尔·德·勒佩经常被人标榜为法国手语的发明者，或教会巴黎失聪人士使用手语的人，但实

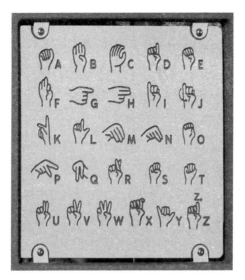

一个学校操场展板上的内容，手语的发展彻底
改变了全世界数百万聋人的生活。

际上，巴黎的失聪人士团体已经有一套正式的手语系统，
即古法语手语系统，已经使用几个世纪了。德·勒佩的贡
献在于，通过为其添加语法元素和手势来传达概念，而不
仅仅是字母，从而发展了这套系统，并将其改良成为一套
统一的正式语言，他为失聪人士的教育留下了相当大一笔
遗产。美国教士托马斯·霍普金斯·加劳德特（Thomas
Hopkins Gallaudet）在十九世纪初期拜访过德·勒佩的一所
学校，带着一位名叫劳伦特·克拉克（Laurent Clerc）的学

生返回美国，在康涅狄格州的哈特福特建起了美国失聪人士学校。他的儿子爱德华·迈纳·加劳德特（Edward Miner Gallaudet）后来在首都华盛顿为失聪人士建起了加劳德特大学。这些机构帮助建立了美国手语，其中融合了德·勒佩系统中的许多元素。

在十九世纪末，手语遭受了一定打击，当时的非聋人教育者发起了一场运动，反对手语，并开始大声争论应该采用一种"口语教学"法，这种方法主要围绕着读唇术和语言治疗展开。他们认为，手语阻碍了失聪人士，使得学生无法掌握他们父母和同龄人所使用的语言。手语支持者，例如爱德华·迈纳·加劳德特则激动地辩称手势语言的效用，但在将近一个世纪的时间里，口语教学法占据了上风。

在二十世纪七十年代，有一些证据确凿的报告揭示，口语教学法缺乏效果，加劳德特大学的威廉·C.斯托克（William C. Stokoe）博士的开创性作品证明，手语拥有足够的特色，本身就可以被认定为一种语言。从那时起，手语重新在世界范围内获得了尊重。这种语言已被重新引入学校，现在会出现在电视和剧场表演之中，与此同时，它依然保留了各国的不同特色，有时候甚至会有地区性差异。

贝尔和口语教学法运动

亚历山大·格雷厄姆·贝尔（Alexander Graham Bell）是一位受人尊敬的科学家、工程师，也是电话发明者，但他同时也是聋哑教育中口语教学运动的坚定拥趸，该运动坚特认为手语的效果适得其反。

贝尔的父亲亚历山大·梅尔维尔·贝尔（Alexander Melville Bell）是可视语音法的创始人，这种方法可以追踪嘴唇、舌头和喉咙在发声时的位置。老贝尔的方法最初是为了教授正确的演说法——维多利亚时代人们痴迷一时的技艺——并被用来教授失聪群体讲话。贝尔深信，通过父亲的方法，配合唇读练习，可以根除耳聋。

1872 年，贝尔在波士顿开办了声乐生理学和发言力学学校，着眼于推进父亲的教育方法，相当受欢迎，并取得了很大的成功。他同时也担任私人教师，教过的最著名的学生是作家和政治运动家海伦·凯勒（Helen Keller），后来她曾因贝尔决定终止"这种造成隔离和离间的不人道的沉默"而向其表达了赞美。他的另一位学生梅布尔·哈伯德（Mabel Hubbard）从五岁开始就失聪了，她父亲本是马萨诸塞州克拉克失聪人士学校的校长，梅布尔后来成为了贝尔的妻子，为他生育了四个孩子。

尽管如此，在一些历史学家和许多聋哑人看来，口语教学法是聋哑教育的"黑暗时代"。教室里被禁止使用手语，聋人教师、手语专家逐渐被能听见声音的人代替。人们对待手语的敌意如此强烈，以至于曾有记录表明，有失聪的学生双手被绑在身后或椅子腿上，以阻止他们用手交流。失聪的孩子不但没有融入听觉社会，反而失去了自己易于理解的语言，于是手语不可避免地再次成为了失聪教育和交流的基础。

流浪汉符号

"流浪汉"（hobo）这一术语在现代语言中更常用来描述城市里无家可归的人，但是在二十世纪初期，这个词却是指流浪穿越美国，到有可能的地方寻找工作机会的流浪或游动工人。流浪汉们在中西部广大地区游历，一般是通过跳上缓慢运行到全国每一寸土地的货运火车的方式实现。这种受欢迎的旅行模式为"hobo"一词的起源提供了一种解释，即它是"跳上货运火车车厢"（hopping boxcars）的缩写。其余可能的词源还有"锄地男孩"（hoe boy），意为农场帮工；或是"休斯敦和鲍厄里"（Houston and Bowery），纽约的一个地区，流浪工人经常聚集在那里寻找工作。一般而言，这些流浪汉会遭到人们的怀疑、偏见和敌视，尤其是在 1933 年到 1936 年大萧条时代的风沙侵蚀时期，当时一场严重的旱灾毁灭了数千英里的草原和农场。由于这场灾难性的沙尘暴对大平原地区的毁坏，庄稼欠收，农场被收回，导致上千人迁移他乡寻找工作。

　　面对严重困难的形势，这些流浪工人发展出一种被称为流浪汉符号的符号语言，其中包括一套符号，可以通过刮或粉笔写的方式，留在篱笆桩、建筑、电线杆、门或路标上。这些符号是传递给其他流浪汉的信息，告诉他们最佳露营地或寻找食物的地方，找到工作的机会，或是前方可能存在的危险。这些符号由一些简单的形状（圆圈、方

在新奥尔良密西西比河附近发现的流浪汉符号，告知其他流浪工人哪里能找到食物和避难所。

块和三角）、抽象线条、基本图像、数字、曲线和箭头组成。其中的箭头指的是地理方向，图形提供隐晦的信息和警告。举例来说，一个矩形内嵌一个圆点意味着，对流浪工人来说会有危险或敌对行动，四根横向的斜线和数字 18 表示工作一天能换取食物。这种独特的符号体系被用来保证流浪工人群体安全、有食物和工作，而且设计得非常简单，在未受过相关训练的人看来就是一堆随便的涂鸦。

　　第二次世界大战后，流浪汉符号逐渐消失，很大原因是因为那个时期经济相对较繁荣，而且大城市数量和规模的增长，也使得遍游全国寻找雇佣机会的流浪工人数量急剧下降。

流浪汉代码与《广告狂人》

流浪汉符号曾为大获赞誉的电视剧《广告狂人》中的一集提供了灵感。在名为《流浪汉代码》的一集中，广告执行人唐·德雷珀（Don Draper）在一场派对中，因为大麻而回忆起童年大萧条时代在农庄的往事。当时有一个流浪汉来找工作，德雷珀的继母同意提供食物和住处，作为交换，这位流浪汉得做些杂活。小小年纪的唐像对待朋友一样招待这位流浪汉，他发现此人是从纽约而来，选择当流浪汉是为了免费游历全国。唐于是告诉他，自己的亲生母亲是个妓女，父亲恶毒残暴。这位流浪汉于是讲了流浪汉代码，告诉唐各种符号的含义；第二天早上，流浪汉离开后，唐发现家里大门上画着一把小刀的图案，意思是告诉其他流浪汉，这座房屋的主人不值得信赖，很危险。正是这番经历促使唐开始了解符号交流观点或信息的力量——而在他和其他"广告狂人"生活的残酷的广告世界，这是一笔宝贵的资产。

第五部分

时间中的符号

——从现在到未来

周边的外围有空白与实体完全合为一体的空间，过去与未来构成无隙无限的圆圈，里面徘徊着不曾被解读的符号，不曾被听过的和弦。

——村上春树（Haruki Murakami）

过去的三十年里，通信技术的迅速进步，使得一种全新的符号和标志语言诞生和被采用。电子邮件、手机、手机短信和社交网站的运用，使得传统书面——和口语——交流中，缩写词、符号和速记法的使用越来越多。

未来的符号和标志会变成什么样呢？为了实现快速、简洁和"用户友好"，正式语言会继续简化吗？如果是这样——也就是说，如果我们拥抱科技，及其为扩展人类交流所提供的跨越语言和文化传统边界的可能性——那么可让人普遍理解的符号和标志的增加，不仅不可避免，而且至关重要。

@ 符号

@ 符号已成为当代电子通讯中的主要图标，原因很大程度上是因为它在电子邮件地址、社交网络表示"用户名"（例如 Twitter 的用户名）以及在文字信息速记中的运用。事实上，@ 在现代生活中已变得如此重要，以至于纽约的当代艺术博物馆在 2010 年非常骄傲地获得了一幅该符号的大型印刷版呈现作品——由电脑科学家雷·汤姆林森在 1971 年创作——用于永久展览。不过这个符号的起源却带有一定的争议性，而且可能最令人惊讶的是，它没有正式的名称，在世界各地有多种不同的叫法。

我们确实知道，@ 符号早在印刷机问世以前，就已经被用在中世纪商人的信函和修士的手稿之中，不过它的起源可能比这还要早。美国古文书学家贝托尔德·路易斯·乌尔曼（Berthold Louis Ullman）在他的著作《古代文字及其影响》（*Ancient Writing and its Influence*）中，描述了僧侣们在抄写大量古典拉丁文本时，面临这个艰巨又似乎永无止境的任务，自然会寻找捷径。他提出，@符号是拉丁语ad（意思是"朝"或者"向"）的简写，其构成方式是在字母a的后面加上一条优雅的尾巴，代表d。不过另有学者已经指出，圣书抄写员即便存在这种偷懒的行为，那也将与修士们的忍耐、勤勉和坚韧的行事准则相违背，此外，使用特定的连写形式来作为缩略词，是要依据严格的规范的。

图中呈现的是@符号的早期应用，出自十四世纪保加利亚翻译的一份当时流行的拜占庭纪事报。

现存最古老的使用 @ 符号的证据，是意大利葡萄酒商弗朗切斯科·拉比（Francesco Lapi）在 1536 年 5 月 4 日从塞维利亚寄往罗马的一封信。在那封信中，拉比列出了当时的葡萄酒价格，据推测是出于出口目的，他使用 @ 符号来代表一只双耳瓶，这是一种传统上用来运输葡萄酒的黏土瓶。在这其间的几个世纪，贸易者和商人采用这个符号来代表一个单位的某种货物的价格，例如，12 单位的橘子 @ $0.50，该符号开始成为销售分类账和会计实务中的常用符号。

从十九世纪七十年代以后，@ 不再出现在早期销售的商用打字机上，它在会计领域的运用在二十世纪下半叶开始减少。如果不是因为雷·汤姆林森被当代艺术博物馆收藏的那幅 @ 的艺术作品，这个符号可能早已经被废弃了——成为后来打字机键盘上一个偶尔会让人不解其意的按键。汤姆林森是在为一个内网系统创作一个早期模型时，决定为这个过时的 @ 符号赋予新的含义的，他把他的 33 型电传打字机键盘上的这个按键，用作区分不同收件人的工具。不久以后，汤姆林森办公室的电脑之间，采用他新创造的地址系统，传递了第一封电子邮件，这个符号当然就沿用下来，成为区分电子和在线身份的标准工具。

没有名字的符号

@符号在英语中通常被称为"at符号",但是它并没有正式名称。由于这种非同寻常的无名性,这个随处可见的符号在世界各地有着各种不同的昵称,其中大多数都与动物有关。下面是一些较为别出心裁的称呼:

apenstaartje:荷兰语,指"猴子尾巴"

ludo a:波斯语,指"疯子a"

snabela:丹麦语,指"象鼻子a"

kissanhnta:芬兰语,指"猫尾巴"

klammeraffe:德语,指"蜘蛛猴"

papaki:希腊语,指"小鸭子"

shtrudel:希伯来语,指"卷心饼"

kukac:匈牙利语,指"蠕虫"

dalphaengi:韩语,指"蜗牛"

grisehale:挪威语,指"猪尾巴"

sobachka:俄语,指"小狗"

& 符号

&符号被称为ampersand，是另一个由于在计算机编程中广泛应用，而在现代重新焕发生机的符号。该符号的起源最早可以追溯至公元一世纪，那时候它被当作抄写中的连字符，或者简写，用在需要耗费大量劳动的手抄本拉丁手稿中。这个符号的构成是将字母e和t流畅地一笔写下来，用来代表单词et，即拉丁语中的"和"。

如果不是八世纪的阿尔昆[1]（Alcuin），与他同时代的历史学家艾因哈德[2]（Einhard）称他是"全世界最有学问的人"，连字符et可能早已成为废词了。在782年，阿尔昆受

1　736—804，英国学者，加洛林文艺复兴的代表人物。
2　770—840，法兰克王国历史学家、政治活动家，加洛林文艺复兴的代表人物。

查理曼大帝之邀，前往亚琛皇城教学，随后又被他要求创造一种供庞大帝国通用的标准拉丁文书面体。阿尔昆在查理曼的"缮写室"中的工作，使手写字体加洛林小写字体得到了发展，这种字体流行了四个世纪。该字体避开了许多常用拉丁文连字符，但保留了 et，经年累月，该连字符变得更加风格化，与现代键盘上的 & 很相似。

1450 年左右，古登堡发明了印刷机，使 & 在印刷书籍中得到广泛的应用。在十九世纪时，& 曾经一度被当作英语字母表非官方的第 27 个字母，跟在 Z 的后面，成为课堂背诵的内容。甚至，这个符号的名字也来源于此。孩子们被教导用字母本身组成的单词的形式来背诵字母表，例如，"I per se（本身就是）I"和"A per se A"；同样地，& 就被读成"and per se and"，发音含糊的情况下就成了"ampersand"。

从十九世纪末开始，& 在印刷文本中的使用开始减少，开始主要应用于商务书写符号之中。电脑时代的到来为这个曾一度被认为很优雅的简写形式赋予了一系列新的功能，它被用在编程语言和文字信息的简写形式中，而后一种用法似乎最切题：正如那些想方设法加快辛勤劳动速度的修士抄写员一样，现代通讯的速度为这个省时的 & 符号提供了新的使用需求。

蓝牙符号

听起来或许让人觉得难以相信，蓝牙无线数据系统界面的独特符号，这一出现在全世界无数电子通讯设备屏幕上的符号，其实起源于中世纪斯堪的纳维亚半岛的一位勇士之王。

公元958年，哈拉尔德·戈姆森（Harald Gormsson）继承父亲老戈姆（Gorm the Old）之位，成为丹麦的国王。中世纪的历史学家喜欢给他们的国王加上稍显无礼的绰号，与这种偏好保持一致的是，哈拉尔德在几本挪威编年史中被称为蓝牙（Blátand），原因在于他有一口被严重污染的牙。传说中记载，哈拉尔德尤其喜欢丹麦大量生长的野生蓝莓，因此他的牙齿就变了色。

人们认为是蓝牙哈拉尔德在他父王和母后紧邻耶灵镇的墓地上，建造了两座巨大的符文石碑。耶灵石（Jelling stones）是丹麦最著名的遗址之一，它们作为桥接斯堪的纳维亚半岛异教传统和蓝牙哈拉尔德统治时期基督教扩展的桥梁，具有重要的意义，因此被联合国教科文组织认定为世界遗产。两块石碑中较大的一块中描绘了耶稣，也提到了哈拉尔德镇压交战派系和部落，统一丹麦和挪威的成就。

1994 年，瑞典电子公司爱立信提议开发一种无线接口系统，使移动通信设备能够不使用电缆在短距离内连接和共享数据。为此，爱立信邀请了电子通信领域的几个竞争者组成特殊利益团体（SIG），对这个项目展开合作。在与合作公司的会谈时，爱立信工程师斯文·马西森（Sven Mathesson）给了英特尔的程序员吉姆·卡达奇（Jim Kardach）一本弗兰斯·刚纳·本特森（Frans Gunnar Bengtsson）所写的小说《长舟》（*The Long Ships*）作为礼物，这本畅销历史小说背景设定在蓝牙哈拉尔德的宫廷。卡达奇觉得那位古代国王在面临分裂时的统一主张，同 SIG 的统一目标之间有许多相似性，因此该项目被命名为"蓝牙"。

为了纪念蓝牙哈拉尔德所启发的合作精神，这个界面商标的设计中便融入了这位国王绰号在斯堪的纳维亚半岛古代北欧文字字母表中的首字母（H 和 B）。

苹果麦金塔电脑的命令符

　　和蓝牙的符号一样，苹果麦金塔电脑键盘上所特有的四角带圈的方形符号也起源于斯堪的纳维亚半岛。在二十世纪八十年代初，麦金塔电脑背后的开发团队提出要在标准键盘上增加一个命令键，当把它与其他按键联合使用时，能快捷实现一系列的菜单命令。相当自然地，这个按键一开始被设计成带有著名的苹果标志的形式，不过史蒂夫·乔布斯（Steve Jobs）感觉，这是设计团队在偷懒，而且他那个当时就已经举世闻名的图标本就有过度使用之嫌。重新设计该图标的任务落到了平面艺术家苏珊·凯尔（Susan Kare）的头上，她翻阅了大量国际符号目录，后来碰巧发现了一个鲜为人知的标志，这个标志在瑞典和斯堪的纳维亚半岛的露营地很常见，那些营地的信息板上会用这个标志来表示风景名胜，例如一座瀑布，或是其他自然景观。乔布斯喜欢该符号带领用户前往电脑中的"风景名胜"的点子，于是它就成了苹果键盘上一个始终存在的独一无二的特征。

启动待机符

自 1973 年国际电工委员会对电器产品进行标准化以来，用来表示启动和待机开关的图标已经变得很常见。其实早在标准化产生之前，这个符号就已经使用了几十年。

早期的电器开关上标有"开"与"关"，就像常见的电灯开关，当打破语言藩篱的需求出现后，文字就变成了二进制的"1"和"0"。正如今天电脑和手机上的情况一样，单个按键实现两种功能的出现，使得"1"被挪动到"0"的内部，由此就诞生了启动符。电视机和电脑上"待机"模式的发展使得该符号必须发生改变，于是"1"就将"0"剖开，而非被包括在内。

出乎技术爱好者的意料，待机模式符号现已被用在多种技术和办公用品公司的商标之中；曾经一度，就像微笑符一样，它也成为了时尚 T 恤的装饰图案。不过它最新颖的现代用法，已经远远超出了计算机技术的范畴。2010年，在一场为纽约市品牌避孕套设计包装的竞赛中，待机符号击败了近600个竞争作品，其余入围决赛的作品有一个高顶礼帽、一个市政井盖，甚至还有一条引人遐想的火车隧道。

"我希望我的设计能够提醒人们，他们有自控的能力。"设计师路易斯·阿科斯塔表示，现在他的设计装饰在全城免费发放的无数避孕套的包装上。

先驱者镀金铝板

先驱者镀金铝板由美国宇航员卡尔·萨根（Carl Sagan）和弗兰克·德雷克（Frank Drake）设计，与探测木星的先驱者 10 号航天器，于 1972 年 2 月一同发射。一年后发射的先驱者 11 号上也装置了一块一模一样的镀金铝板。到目前为止，这块镀金铝板是人类唯一一次试图与外星文明进行象征性交流的尝试——当然，对于他们来说，我们通用的形状、色彩和形式的视觉常量并不适用。这也是唯一一份已经飞出了太阳系的人类制作的简图。

萨根博士对于在先驱者号宇宙飞船上放一条信息的点子非常热心，他招募了德雷克博士（发明了"德雷克方程式"，一种用来估量银河系中外星文明数量的工具）来帮助设计一块金属板，与自己的妻子琳达·萨尔兹曼·萨根（Linda Salzman Sagan）展开合作，琳达负责设计插图。最终的设计被蚀刻在两块与平板电脑差不多大小的镀金铝板上，它们被安装在飞船的天线支杆上，使其能够免受星际空间尘埃的侵蚀。

在那以后，先驱者镀金铝板已被更为复杂和有目的的交流尝试所取代，或许这块金属板从来就没有被当作与外星生命进行交流的潜在方式，而只是为了庆祝这样一个事实——先驱者号是当时飞离地球最远的物体。因此，这块金属板的创作过程非常匆忙，要求设计者在相当有限的时

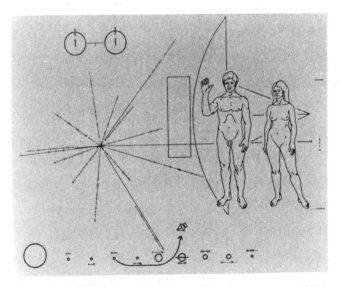

先驱者镀金铝板的设计目的是与外星邻居交流，不过也引发了外星人将入侵地球的担忧。

间里创作出一条象征性信息。金属板上展示的图符更多关乎人类的形象，而并非一条清晰的象征性信息，这恐怕会令眼球突出的外星人疑惑。

萨根和德雷克碰到的第一个主要问题是，如何同一个与我们没有共同图形参数的文明交流。即便假设外星人有视皮质，能与我们"看到"一样的光谱，我们也无法推测，他们所熟悉的大海、土地或太阳与我们的是否有任何关联——接着我们还要思索外星生命的尺寸、体型，以及理解来自遥远星系的涂鸦的能力。宇宙中有一些常数是可以依赖的，它们具有一定的普遍性，至少在被视为"我们附近"的太空中是如此。例如氢的普遍性和属性，与我们相关的恒星的位置，以及控制宇宙运转的通用数学常数。举例来说，π无论用什么符号表示，都不可能是圆周率以外的任何东西。

金属板本身的设计融合了一系列简单的图标，包括科学公式的示意图，一份我们所在的太阳系的地图，先驱者号的预定运行轨道和一男一女的人体图像——当然了，人体图示引发了最大的争议。男人的一只手是举起的，样子就像是在招手，女人则站在一旁，头稍稍侧着，或者可能是在看着男人。两个人都全身赤裸。男性的生殖器暴露在外，女性却并没有生殖裂，两人都没有任何阴毛。为了避免冒犯当时的敏感读者，一些报纸在翻印这幅图时去除了所有生殖器以及女性的乳头。更进一步的反对来自于女权主义者，他们宣称金属板上的女性姿态显然处于从属地位（事实确实如此）；人权活动者宣称两个人都是身材不成比例的白种人（也确实如此）；还有各种危言耸听者和阴谋论者宣称，该金属板将我们的行踪广而告之，可能会导致地球遭到恶意侵略。

从我们自己的角度来看，最容易辨识的是表示两个人的图像，但讽刺的是，对其他任何潜在的接收者来说，这可能是整条信息中最没有意义的部分。即便接受了假说，相信外星生命能够分辨那些图形是不同的生命形式，那他们也很有可能会误解，那只扬起的手是一种威胁，或者是敌意的宣告。

到目前为止，这条信息中最有趣的部分在于，试图寻找到一种通用常数，从而产生某一层面的交流。氢是宇宙中最多的元素，它在金属板上由一个二进制的"1"连接的两个圆形符号表示——如果我们的外星朋友能够正确理解这个示意图，就可以成功解读金属板上其他图示信息。实际上，它所传达的信息相当准确，包括飞船的航行距离和航行时间，哪怕它在宇宙中已经漂浮了数百万年。

另外还有一张呈放射状的图，表现了太阳系到著名太空地标的相对位置，不过考虑到 1972 年后我们对天文学的认识有了重大的进步，这份太阳系的示意图可能会让任何接收到信息的人都有点迷惑，因为冥王星已经从行星降级为矮行星，而海王星、天王星和木星周围都发现了微弱的光环。

虽然这块金属板从象征意义上来说很有趣，尤其是对创作时代的反映，不过由于敷衍了事的创作意图，它能送到外星人手上的可能性非常渺茫。情况常常如此，考虑到太空的广袤无垠，人们对于太空中的时间和距离也普遍存在误解。在本书写作时，先驱者 10 号正在太阳系边缘的冥王星轨道的上方，向毕宿五星系（位于金牛座）前进，但要抵达至少还需要两百万年。这其中所涉及的数值范围是如此巨大，以至于就算到了下个世纪，有一艘路过的宇宙飞船发现先驱者号，先驱者号与太阳系的距离还是比到其他任何星系的距离更近——就好比刚把一个装着信的瓶子扔进海里，就把它捞上来了。

先驱者"论战"

先驱者镀金铝板引发了广泛抗议，包括令人信服的女权主义者的反驳，恐惧外星人入侵的孤立主义者的剧烈惊慌。不过到目前为止，最有意思的抗议和往常一样，来自于拘守礼仪的人和不切实际的伦理学家，他们向许多国家的报纸投递了一连串的信件，例如出现在《洛杉矶时报》上的这封：

我必须要说，我被《时报》头版上公然展示的男女两性的生殖器所惊呆了。毫无疑问，这种形式的性剥削已经远低于我们社会所期望的《时报》标准的底线。我们必须要容忍电影和色情杂志中的色情作品的狂轰滥炸，这难道还不够吗？我们航天局的工作人员认为有必要将这种淫秽图像传播到太阳系之外，这难道还不够糟吗？

几天之后，另一封信对此做出了很好的回应：

那些人抗议将画着裸体人类的下流图片送入太空，我当然认同。我想应该用这种方式来呈现，将画作中男女的生殖器官打上马赛克。在他们旁边，我们还应该画上一只从天堂衔来一个小包裹的鹳[1]。接着，如果我们真的希望天上的邻居知道，我们已经飞行了多久，那我们还应该附上圣诞老人、复活节兔子和牙仙子[2]的图片。

---

1 西方传说里的送子鸟。
2 英国童话中的一个仙子，会在孩子们睡着时取走他们放在枕边的换下的牙齿，留下硬币。

致 谢

  我想对下列人士表达由衷的谢意，感谢他们在本书的构想过程中，给予我宝贵的帮助、建议和有形、无形的支持：蒂姆·麦克维尼博士（Dr Tim McIlwaine），感谢他出色的额外研究和补充资料；马修·克莱顿（Mathew Clayton），感谢他帮助这个项目起步；西尔维娅·柯普顿（Silvia Compton）和加布里埃拉·内麦斯（Gabriella Nemeth），感谢她们审慎明智且富于同理心的编辑技巧；凯特·杜鲁门（Kate Trueman），感谢她宝贵的校对；感谢 R. 卢卡斯（R Lucas）、J. 弗利特（J Fleet）、苏塞克斯大学图书馆的工作人员、迈克尔·奥玛拉图书公司的设计和制作团队；还有我的家人与朋友，感谢他们的耐心和鼓励。

图书在版编目（CIP）数据

符号简史/（英）约瑟夫·皮尔西著； 陈磊译.--
北京：北京联合出版公司，2019.3
　ISBN 978-7-5596-2858-9

　Ⅰ.①符… Ⅱ.①约…②陈… Ⅲ.①符号学—历史
Ⅳ.① H0-09

中国版本图书馆 CIP 数据核字（2018）第 295334 号

First published in Great Britain in 2013 by
Michael O'Mara Books Limited
9 Lion Yard, Tremadoc Road, London SW4 7NQ
Copyright © Michael O'Mara Books Limited 2013

The simplified Chinese translation rights arranged through Rightol
Media（本书中文简体版权经由锐拓传媒取得Email:copyright@
rightol.com）

著作权合同登记号 图字：01-2019-0322

符号简史

策划出品：**青橙文化**
策划监制：王二若雅
责任编辑：刘　恒
特约编辑：孟　桐
封面设计：奥视创意工作室

北京联合出版公司出版
（北京市西城区德外大街83号楼9层　　100088）
北京联合天畅文化传播公司发行
北京天宇万达印刷有限公司　　新华书店经销
字数108千字　　787毫米×1092毫米　　1/32　　5.75印张
2019年3月第1版　　2019年3月第1次印刷
ISBN 978-7-5596-2858-9
定价：45.00元